マンガでわかる!

かならず伝わる説明の技術

Technique of The Explanation

鶴野充茂 監修

宝島社

マンガでわかる!

かならず伝わる説明の技術

鶴野充茂
監修

宝島社

はじめに

突然ですが、仕事に必要な説明力とはどんな力だと思いますか？　上司や取引先からの依頼を正確に別の人に伝えられること？　実はそれだけでは不十分です。正しく伝えた上で、部下や同僚、そして目上の人に行動をおこしてもらえて、はじめて上手な説明になります。仕事の多くは一人では完結しないもの。チームとなって、協力を得ながら進めていく、その技術こそが「説明」なのです。

たとえばあなたは打ち合わせ・商談・出張といった自分の仕事を上司に報告する際に、早口で自分一人だけで話し続けるような状態になっていませんか。そんな人の多くは、説明のロジックを理解できておらず、聞き手の頭の中を想像することなく、思いついた順番で話してしまっています。そのような説明では、自分も相手も「何を話しているんだろう？」と、話の出口を見失ってしまいます。また、企画書・報告書・あいさつ状などのビジネス文書を作るときに、「何から書けばいいんだろう……」と書くたびに途方に暮れている方や、「プレゼンなんて教えてもらってない！」と、とりあえずパワーポイントの作り込みに燃えるビジネスマンも少なくないはず。このような調子では、依頼元である上司・取引先から、実動部隊となる部下・同僚へうまく仕事を橋渡しできず、満足のいく仕事の結果が得られません。少々キツイ言い方ですが、説明下手が組織にいると、自分だけでなく、上司・同僚・部下と、みんなの仕事を邪魔してしまうことにもなるのです。

説明は伝えることが目的ではありません。伝えて「相手が動く」、これを説明のゴールにしましょう。本書ではその方法を、順を追ってわかりやすく伝えていきます。

本書は、マンガで楽しく、具体例を出しつつカンタンに学ぶことができるようになっています。これまで苦手だった説明も得意になり、あなたの才能・能力が一気に花開くはずです。仕事で結果の出る説明力をマスターして、ライバルに差をつけましょう。

監修者　鶴野充茂

マンガでわかる！かならず伝わる説明の技術

CONTENTS

登場人物

春《はる》田《た》夏《なつ》海《み》

大手通販サイトを運営する株式会社エメラルド・フォレストの新入社員。やる気と企画力はあるが、説明が下手で能力を発揮しきれていない。

石《いし》田《だ》 亮《りょう》

春田に説明力を伝授するベテラン社員。過去にコンサルタント会社に勤め、現在は株式会社エメラルド・フォレストに在籍。説明のスペシャリスト。

秋《あき》山《やま》冬《ふゆ》香《か》

世界中から脚光を浴びるエメラルド・フォレストのトップ。キャリアウーマンとして冷徹な一面を持ち、企画・プレゼンを行う春田の前に立ちはだかる。

元《もと》橋《はし》寿《さと》史《し》

株式会社エメラルド・フォレスト営業企画部課長。社長にヘッドハンティングされて入社した仕事がデキる男。

楡《にれ》 徹《てつ》三《ぞう》

伝説の家具職人集団「アトリエ楡《にれ》」の社長。丹精こめた家具作りにこだわる。ネット販売は行っていないが、春田の目に留まる。

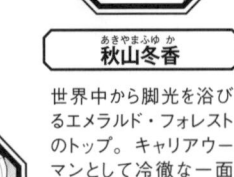

第1章

結論から話そう

——株式会社エメラルド・フォレスト　本社——
前略 お父さん お母さん
お元気ですか
Emerald Forest
憧れの東京生活もあっという間
第1希望のエメラルド・フォレスト入社から
3カ月が経ちました
Emerald Forest
タッ
タッ
新人研修が終わり
配属先も決まったので
今の目標は……
タッ
タッ
ハァ
ハァ
ハァ
ハァ
TOP
2017 7
私が10代で会社を創業できた理由
自分らしく生きたい
すべての人に
タッ
タッ

ガッ
おくれる〜
ハァ
ハァ
営業企画部新人
春田夏海　23歳
べちーん
1日も早く周りから
信頼してもらえることです
会議室
ぞろ
ぞろ

今日の春田さんのプレゼン一体何なの？
なんでうちの会社に入れたのかしら？
噂なんだけど春田さん春田夏海って名前でしょ？
うちの社長秋山冬香じゃない？
あっ わかった！
2人で春夏秋冬！
ウケるー
マジ？そんなダジャレみたいな理由だけで採用なの⁉
スッ

お疲れ
営業企画部課長
元橋寿史　32歳
あ
お疲れ様です……
アイデアは
そんなに
わるくないと
思うんだ
ただ
君は説明が
下手なんだよ
何を言いたいかが
わかりづらいんだ
えっ……

君の最大のテーマは説明力だよ
All work and no play makes Jack a dull boy
はぁ……
入社してから今まで一度も企画が通らないよ…
私この仕事向いてないのかなぁ…
説明力って言われても一体どうすればいいの……
あの～

すみません
パソコンがうまく
扱えなくて
営業企画部
石田亮　66歳
うぃーふぃーとか
ええ
いいですよ
あWi-Fiですね
ワイファイというんですか
メールは問題なく扱えるのですがほかはからっきしなもんで

すみません 新しいソフトも セットアップを お願いできないですか
はい もちろん! お力になりますよ
Emerald Forest
インストールに成功しました
完了
遅くまで ありがとう ございました
これで 明日からは ちゃんとパソコン 使えますよ
春田さん このご恩をお返し させてください
べつにいりませんよ プレゼントとか 食事とかなんて……
春田さん 業務で何か お困りのことは ないですか?

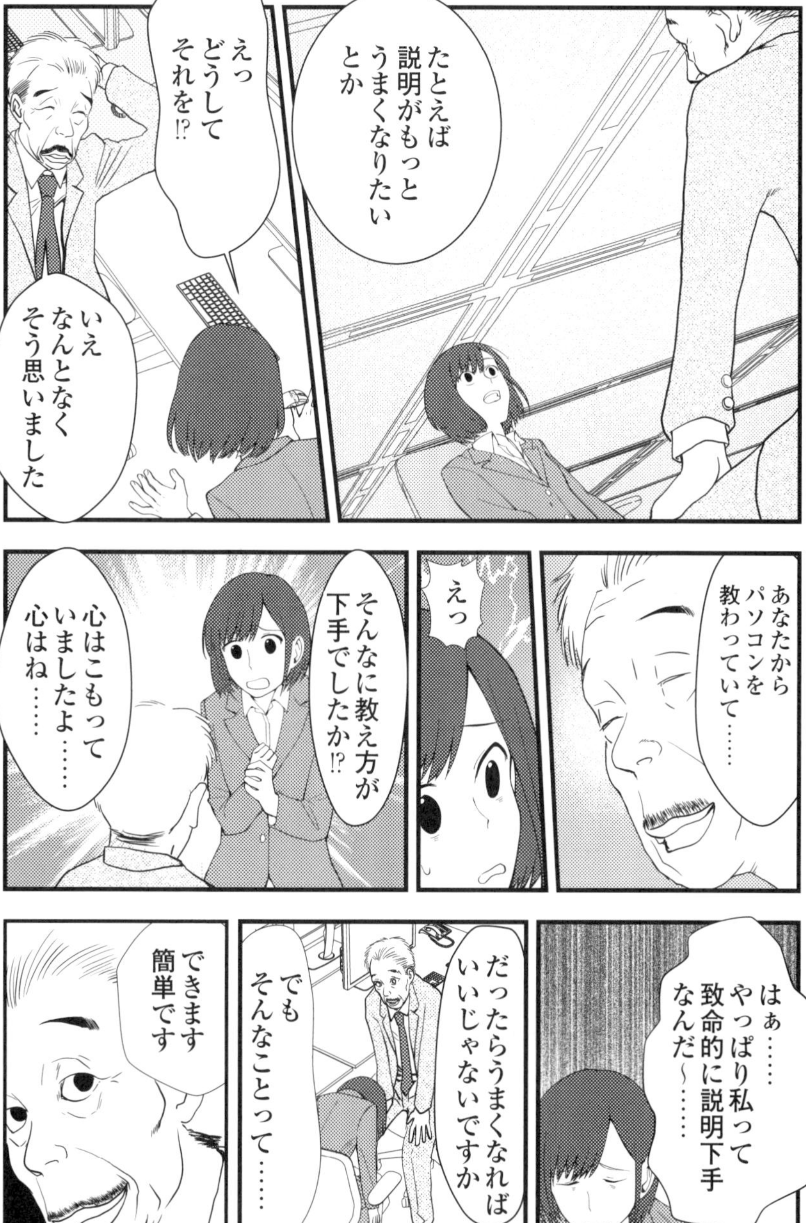
たとえば
説明がもっと
うまくなりたい
とか
えっ
どうして
それを!?
いいえ
なんとなく
そう思いました
あなたから
パソコンを
教わっていて……
えっ
そんなに教え方が
下手でしたか!?
心はこもって
いましたよ……
心はね……
はぁ……
やっぱり私って
致命的に説明下手
なんだ～……
だったらうまくなれば
いいじゃないですか
でも
そんなことって……
できます
簡単です

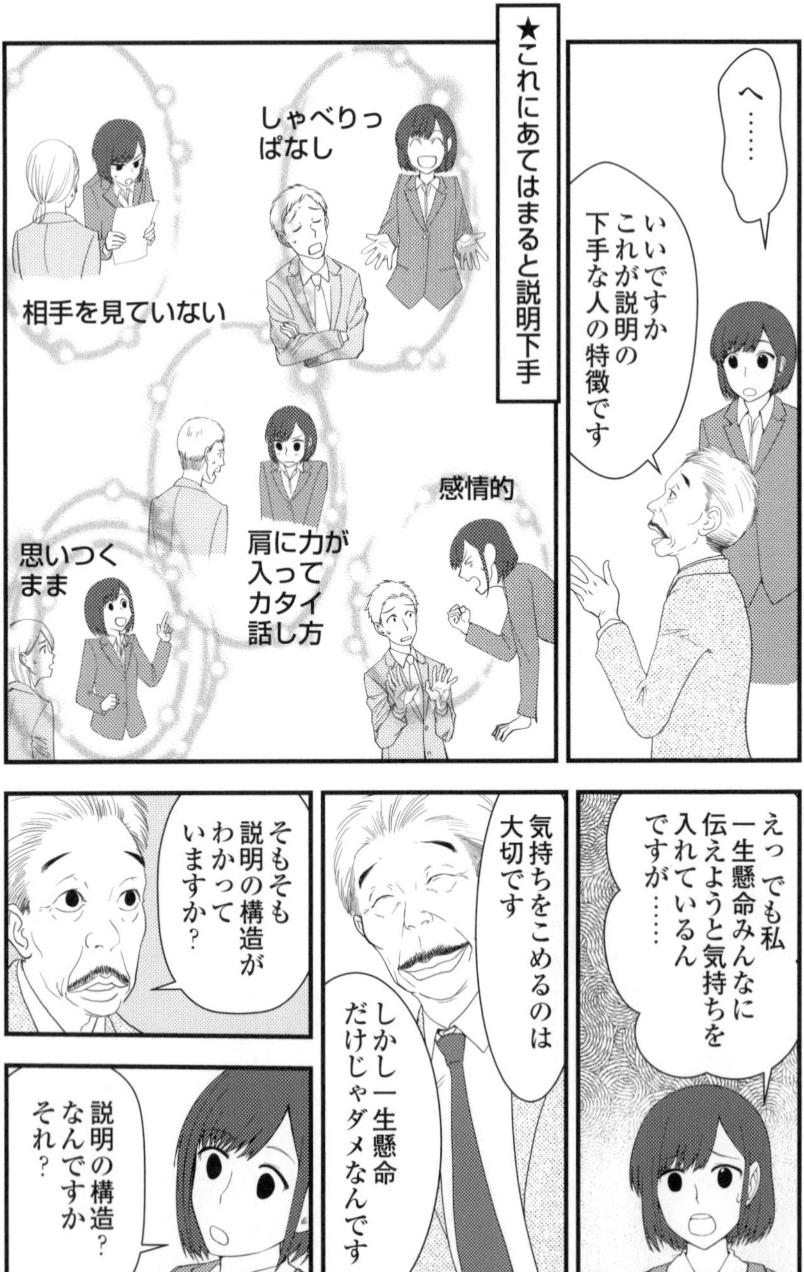
へ……
いいですか　これが説明の下手な人の特徴です
★これにあてはまると説明下手
しゃべりっぱなし
相手を見ていない
感情的
肩に力が入ってカタイ話し方
思いつくまま
えっ　でも私　一生懸命みんなに伝えようと気持ちを入れているんですが……
気持ちをこめるのは大切です
しかし一生懸命だけじゃダメなんです
そもそも説明の構造がわかっていますか？
説明の構造？　なんですかそれ？

説明には
3つのステップが
あります
ステップ1
伝える
伝えるべき情報を
きちんと話す
窓を開けてください
ステップ2
伝わる
相手が情報の内容を
理解し 判断を下す
ステップ3
相手を動かす
判断に応じて 相手が
リアクションをおこす
説得力がない人は
とにかく思いつくまま
あるいは感情に任せて
一方的に話します
あ それって私だ！
しかしそれでは
相手には何の話やら
意味不明
これでは
ステップ1を
超えられません

言いたいことが伝わったとしても相手が自分はどうすればいいかが判断できなければ
ステップ2止まりです
判断のあとに相手がリアクションをおこさなければビジネスとしては不十分です
これができてはじめてステップ3です
ってことは今日の私はステップ1の手前？
そういうことになりますね
この3つのステップを意識して説明すれば効果はすぐに表れますよ
エヘン
すいませんそろそろ閉めたいんですが

おでん
名物大根
春田さん まずはステップ1《伝える》です
説明の第一歩は「情報の整理」にあります
それは話す自分の感情・価値観・記憶を整理してまずは〈内容〉自体を吟味し それを適切な言葉で〈表現〉することです
力を抜いて頭の中で『思い』を整理し気持ちを落ち着けて冷静に話す準備をします
感情的に思い浮かぶまま〈内容〉を説明してもそれはかしこい説明にはなっていません
友達言葉や専門用語などの言葉で〈表現〉しても伝わらないです

まず相手に何をお願いしたいのかよく考えて
そしてお願いしたいことは最初に話しましょう
大根もらえますか？
へい！
このお店は大根が『売り』です
表ののれんにも「名物 大根」と書かれているでしょう？
名物 大根
これが説明における〈表現〉でみんなが認めるこのたしかな味が〈内容〉です
私は10年以上前からこの大根の虜《とりこ》なんですよ
パクッ
なるほど！
ウマイ！

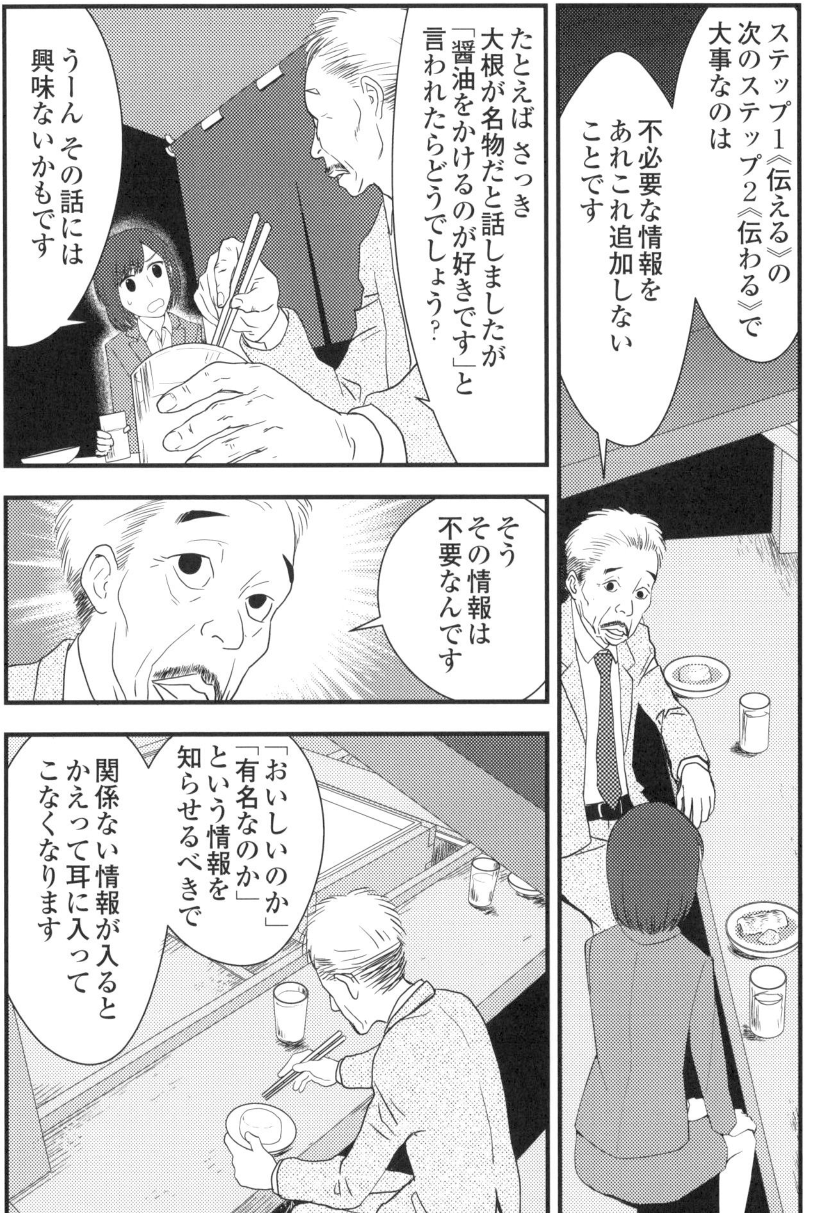

ステップ1《伝える》の
次のステップ2《伝わる》で
大事なのは
不必要な情報を
あれこれ追加しない
ことです
たとえば さっき
大根が名物だと話しましたが
「醤油をかけるのが好きです」と
言われたらどうでしょう?
うーん その話には
興味ないかもです
そう
その情報は
不要なんです
「おいしいのか」
「有名なのか」
という情報を
知らせるべきで
関係ない情報が入ると
かえって耳に入って
こなくなります

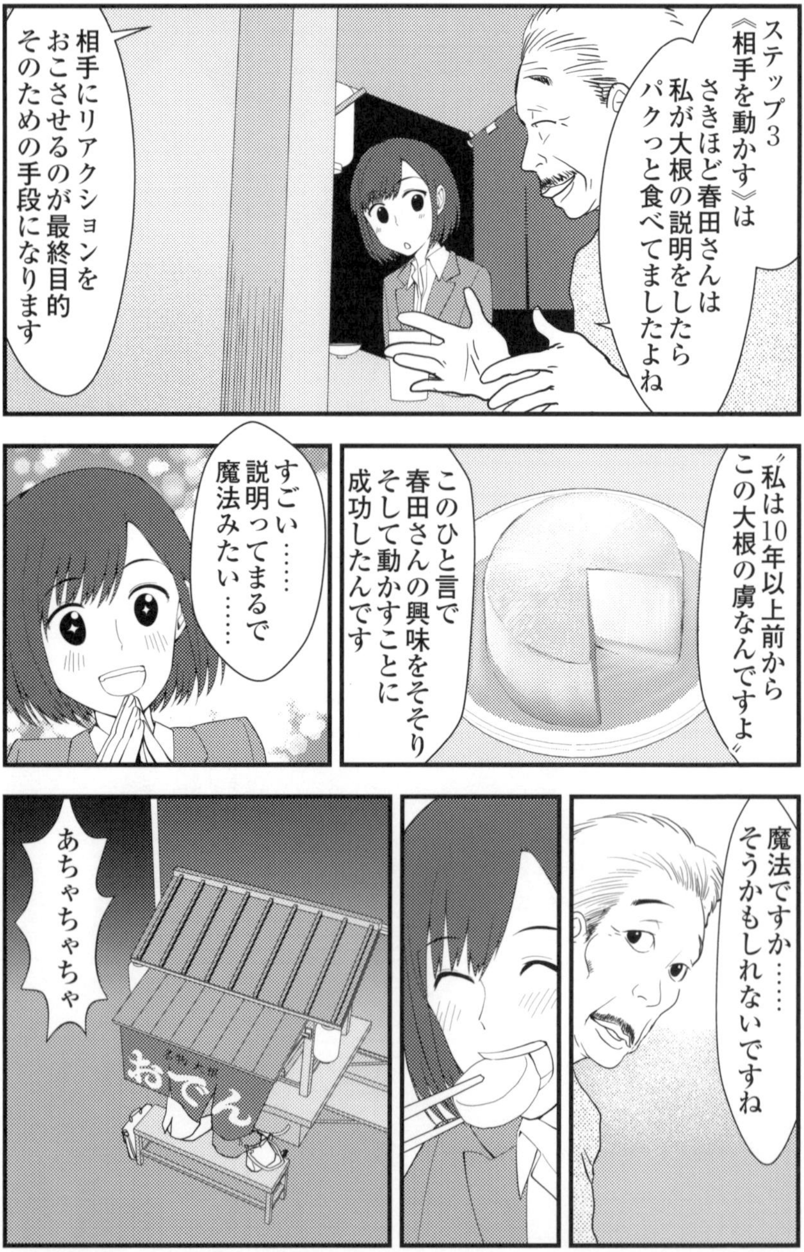
ステップ3《相手を動かす》は
さきほど春田さんは
私が大根の説明をしたら
パクっと食べてましたよね
相手にリアクションを
おこさせるのが最終目的
そのための手段になります
〝私は10年以上前から
この大根の虜なんですよ〟
このひと言で
春田さんの興味をそそり
そして動かすことに
成功したんです
すごい……
説明ってまるで
魔法みたい……
魔法ですか……
そうかもしれないですね
あちゃちゃちゃちゃ
おでん

説明
実践 1

あなたは大丈夫？感情をこめすぎる人は説明下手

情熱とやる気を注いで、身ぶり手ぶりを交えた説明をしても、のれんに腕押し。一生懸命やっても、相手のリアクションを引き出せなかった経験はありませんか。「必死だね」「よくしゃべるね」「熱いね」と相手に言われてしまうようなヒートアップした説明では、話し手が使うエネルギーの割に、相手をさほど動かせないので非効率的です。

「自分はいつも気持ちをこめて説明しているのに、口数も少なくやる気もさほどなさそうな○○さんのほうがわかってもらえるのは、なんで⁉」と、不満を抱えている人もいると思います。気持ちが入っているとやる気はアピールできますが、それだけの説明は、ひと言でいうと「何を言いたいかわからない説明」になります。説明はこちらの気持ちを伝えるだけでなく、内容が相手に伝わる方法で話すということがもっとも肝心です。まずは本章で、説明力の土台を築きあげましょう。

テク1

説明の3ステップ

説明は3つのステップからなる

自分が伝えたいことを説明して相手を動かすには、「説明の構造」を理解する必要があります。効果の高い説明は、3ステップで生み出すことができます。この3ステップは説明の基本なのですが、案外、人を束ねる経営者や営業マンでも、完璧にはできていません。説明の3ステップをマスターしていない経営者が、「現状認識を共有すればいい」と勘違いして、経営方針を社員に「説明」すると、聞く側も「話を聞くだけ聞いていればいい」と思うだけになってしまいます。しかし3ステップのテクニックを用いれば、社員は「その経営方針だと、自分は具体的に○○をするということだな」と、それぞれが目的とやるべきことを認識し、アクションをおこすことができるのです。

3ステップは経営者や営業マンだけでなく、職種や役職を問わず、共通して使えるものです。説明力の基本となるものなので、まず最初に覚えたいポイントです。

下手な説明

今のでいいじゃん

新しいPC
買いましょうよ

3ステップで説明を整理

ステップ1　伝える

言葉を選ぶ

▶NG
専門用語が多すぎ

「スタンドアローンで使用しているPCがハングアップしがちなので、新しいPCを買いましょう」

▶OK

「ネットにつないでいないPCが古くなって最近よく止まるので、新しいPCを買いましょう」

「伝える」コツは、専門用語・友達言葉・馴染みのない横文字を避けること

ステップ2　伝わる

相手が求める
判断材料を提示

▶NG
大事な情報がない

「○○社の最新PCはコスパがよくて、デザインもカッコイイです」

▶OK

「○○社の最新PCは1台15万円と予算に合いますし、美しいデザインなので、オフィスもオシャレになります」

たくさん話せば「伝わる」というものではない。相手が必要とする情報だけを伝える

ステップ3　結果が出る

動く理由を提示

〈相手を動かせない人〉の特徴

1 説明だけで自己満足してしまう

2 感情だけで訴えかける

3 相手の感情を極端に気にする

上記3点に心当たりがある人は、相手が動くメリットを感じないままで終わらせている。共感を得るだけでなく、動きたいと思わせるように言葉を選ぶ

3ステップを用いた説明

「オフィスのPCの調子がわるくて作業効率が落ちています。最新PCは予算内ですし、作業速度が3倍になって残業がなくなります」

結果

よし、早速
買い替えようか!

テク2

話す前の準備

うまい説明は準備が8割！

説明が下手な人には、特徴があります。それは頭の中にある整理前の「思い」を、言語化するのが苦手ということです。思い当たる節がある人は、思いを整理しながら言葉で表現するために、まずは伝えたい内容を紙に箇条書きにしてください。次に、箇条書きにした各項目を、まとめてひと言に圧縮させます。それだけで、余計な思いがそぎ落とされて、相手に伝わる説明になります。

ほとんどの場合、そのひと言がはじめに伝えるべき話の概要となります。そして、ひと言のあとに、箇条書きにしたほかの内容を伝えていけば、言いたいことをすべて相手に伝えられるはずです。この箇条書きには、「説明の種類」を最初に伝えるという効果もあります。ひと言を生み出し、それを最初に伝えることで、聞く側は「依頼」「報告」「謝罪」など、何のための説明か、種類をわかった上で話を聞けるのです。

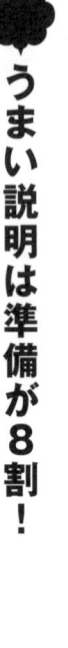

思いをまとめる方法

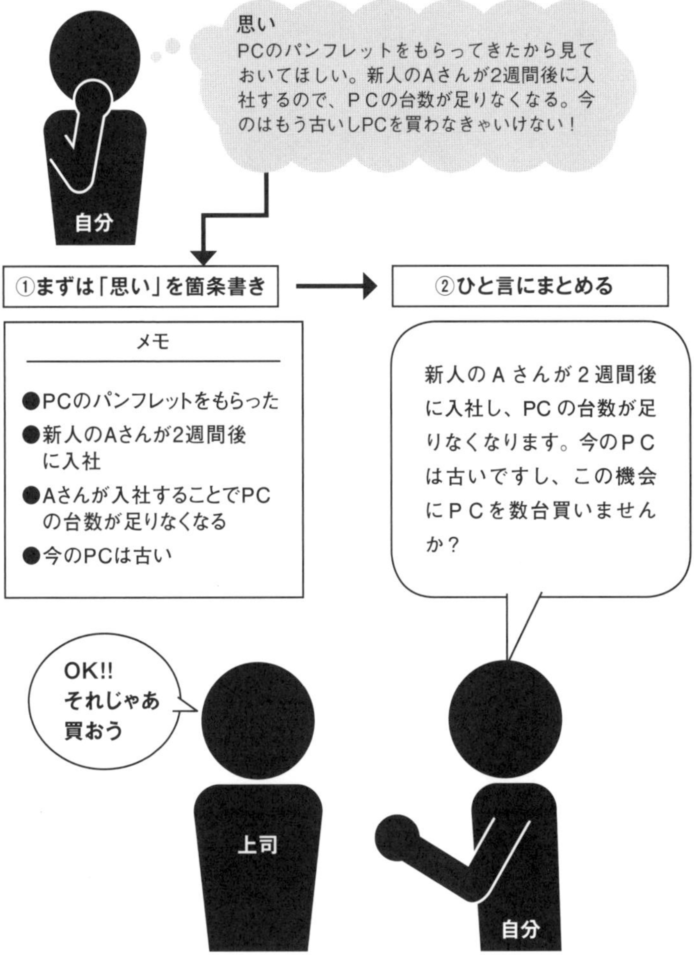

思い
PCのパンフレットをもらってきたから見ておいてほしい。新人のAさんが2週間後に入社するので、ＰＣの台数が足りなくなる。今のはもう古いしPCを買わなきゃいけない！
自分
①まずは「思い」を箇条書き
②ひと言にまとめる
メモ
●PCのパンフレットをもらった
●新人のAさんが2週間後に入社
●Aさんが入社することでPCの台数が足りなくなる
●今のPCは古い
新人のＡさんが２週間後に入社し、PC の台数が足りなくなります。今のＰＣは古いですし、この機会にＰＣを数台買いませんか？
OK!! それじゃあ買おう
上司
自分

テク３

大事な情報とは？

判断の分岐点が大事な情報

説明中に、相手に嫌な顔をされた経験はありませんか。説明時間が長く、資料が多いにもかかわらず、肝心な「大事な情報」が入っていないと、聞き手はうんざりして露骨に嫌な顔をすることがあります。まずは、「判断材料」となる情報が何かを考えるクセをつけましょう。

たとえば急な打ち合わせで、Ａ部長との会議をキャンセルしたいとします。信頼関係があれば、「Ａ部長、会議はキャンセルさせていただけないでしょうか」といったひと言でＯＫのときもあるかもしれませんが、普通は「会議をキャンセルしてまで？　何の用事？」と、「判断材料」不足で不満を持たれるはずです。ここでいう「大事な情報」とは、①キャンセルの理由……先方の都合　②時間調整できないか……打ち合わせの時間が移動可能か　③何の打ち合わせ……会議と打ち合わせの重要度を確認、になります。Ａ部長が「キャンセルも仕方ないな」と納得できる情報が大事な情報です。

「大事な情報」をわかるようになろう

1 大事な情報＝判断の分岐点

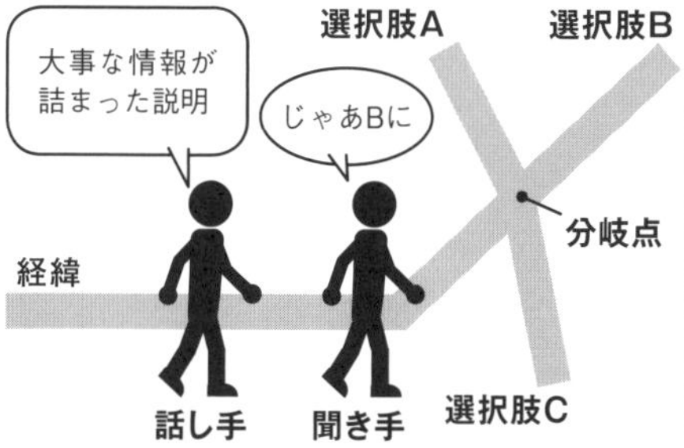

選択肢A
選択肢B
大事な情報が詰まった説明
じゃあBに
分岐点
経緯
話し手
聞き手
選択肢C

判断材料となる情報を提示

複数ある選択肢から、聞き手と方向を決めたい場合は、判断材料を提示しよう。それがないと聞き手は判断できない

2 何が判断材料か考える訓練

判断の分岐点（大事な情報）は、すぐにわかるようにはならない。以下のことを習慣化して、見分ける能力を養おう。

●習慣化すべきこと

その1 質問
事前に何を確認すべきか聞いて、判断材料を知る

その2 記録
こまめにメモをとって、情報の重要度を知る

その3 報告
報告頻度を上げて、重要なものを見分ける力を養う

習慣化で……

判断材料（大事な情報）に対しての勘が研ぎ澄まされる

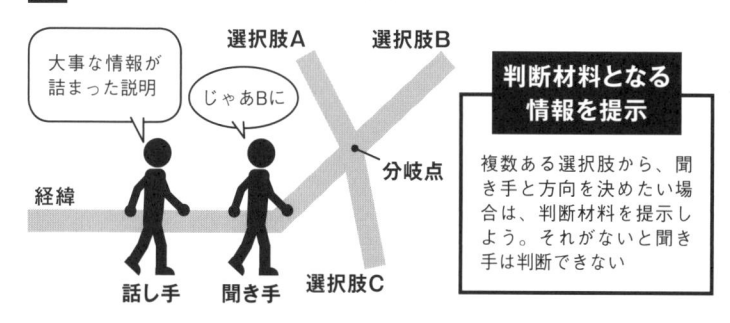

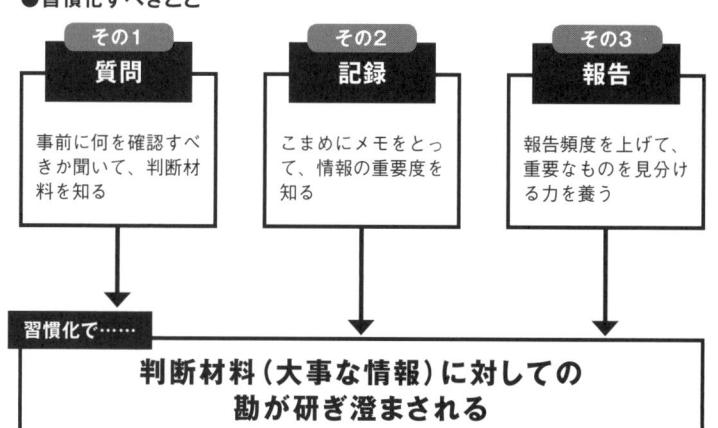

テク4

客観情報＋主観情報が基本

アドバイスを求めるときにはこうしよう

上司や先輩から的確な意見・アドバイスをもらいたければ、何がおこったのかという「事実」を伝える必要があります。「事実」とは、〝どう感じた〟〝どう思った〟などの感情、印象、推測とは異なり、相手が〝言ったこと〟〝やったこと〟という「出来事」を指します。

たとえば、上司への報告で「開発部の言うことは理不尽ですよ。我々営業部は3カ月前から販売店に新商品の計画を説明しているというのに、今になって『しんどくてできない』のひと言で延期ですって。3カ月前からの販促活動が水の泡です！」。この説明は「出来事」が不明瞭で、説明というよりも愚痴に近いです。しかし、「開発部が人手不足と機材不良で大変とのこと。我々は3カ月前から仕込んでいましたが、新商品は発売延期です。理不尽ですね」という順序で説明すれば、「人手不足」「機材不良」の出来事が伝わるので、上司は的確な対策を立てられます。こういう説明であれば、理解されやすい報告になります。

主観的説明と客観的説明

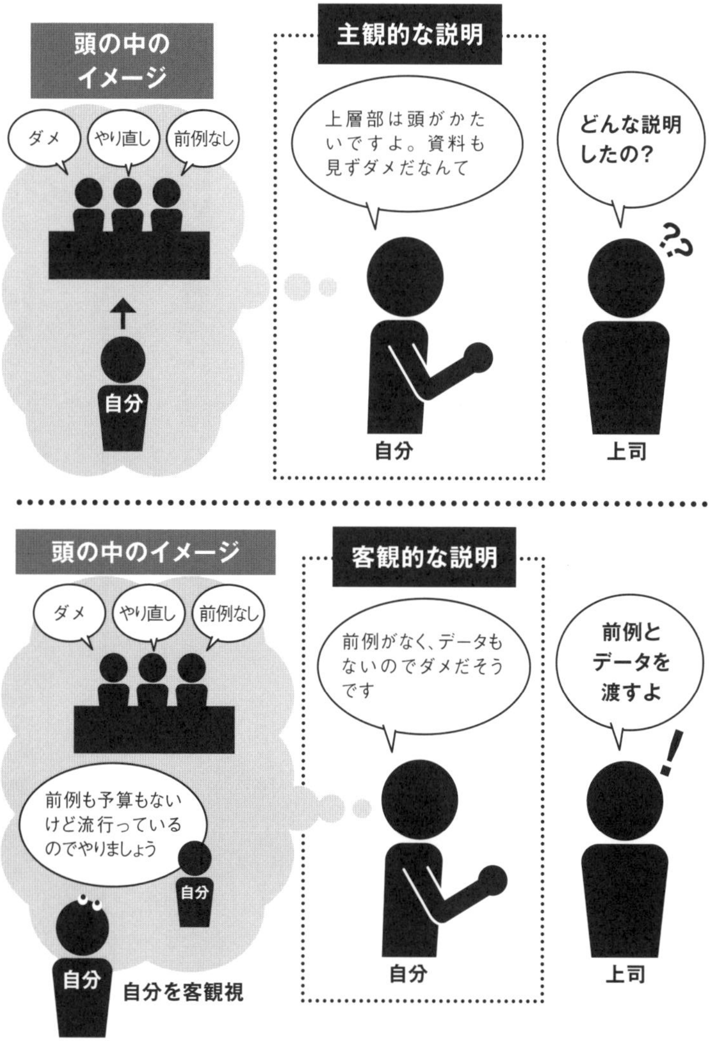
頭の中のイメージ
ダメ
やり直し
前例なし
自分
主観的な説明
上層部は頭がかたいですよ。資料も見ずダメだなんて
どんな説明したの?
自分
上司
頭の中のイメージ
ダメ
やり直し
前例なし
前例も予算もないけど流行っているのでやりましょう
自分
自分
自分を客観視
客観的な説明
前例がなく、データもないのでダメだそうです
前例とデータを渡すよ
自分
上司

テク5

結論からはじめて結論でまとめる

結論をひとつに絞ろう

問題がおきている状況を説明する際には、工夫が必要です。「納期に間に合いません！」「人が足りないから増やしてください！」「私は適任じゃないのでほかのチームに移してください」というように、たくさんの問題を一度に話すと、「一体何がおきているの？　どうしたの？」と、説明の目的を聞き手が理解できません。つまり、「話の結論」が相手に伝わっていないのです。説明で大事なポイントは、結論をひとつに絞ってお願いの形にすることです。冒頭の状況説明でいうと、「事態を収拾するために力を貸してください」というひと言が、結論をひとつに絞った説明になります。

優秀な人でも、短い時間で多くのことを一気に理解することはできません。「自分が未熟だからとりあえず全部伝えて、改善策を教えてもらおう」などと都合良く考えるのはやめて、結論をひとつに絞って、簡潔に説明することが大事なのです。

ひとつの話に結論はひとつだけ

結論が多すぎる説明

部長、新しく導入した作業工程のシステムですが、自社工場と外部委託のやり取りの回数が多すぎて、現場が混乱しています。外部委託企業から「前に戻してくれ」とクレームが来ており、新しい作業工程をみんなで勉強したいです

結局、何を言いたいの？
自分
上司

説明を分解

結論1
新しい作業工程が複雑で現場が混乱している

結論2
外部委託している企業からクレームが増えている

結論3
前の作業工程に戻せるのか

結論4
新しい作業工程の勉強会をしたい

ひとつに絞る

ひとつに絞った結論

新しい作業工程のトラブル解決にご助力ください

コレが最優先!
よし、わかった！
自分
上司

マンガでわかる!

かならず伝わる説明の技術

第2章

説明は短く・的確に

株式会社エメラルド・フォレスト　オフィス
石田さーん！
タッ
タッ
あ 春田さん
どうかしましたか？
ハァ
ハァ

石田さんのおかげで先輩に発表を褒められましたよ！
それはよかったですね！
今度はぜひ私のほうからおごらせてくださいねー！
………
春田さんそこいい？
あいいですよ！
春田さんって入社したばっかりの石田さんと仲いいの？
まあちょっと……そういえば石田さんってどうしてうちの会社にいるのかな？
会社で一番事情通の私でもそれはわからない

噂では以前 日本屈指のＰＲ・コンサルタント会社に勤めていてプレスリリースから緊急記者会見までの原稿作成と話し方指導をしていたスペシャリストなんだとか
芸能人や政府の記者会見で 誤解を招かない説明とかも手がけたんだって
経緯は知らないけどうちの秋山社長自らヘッドハンティングしたって話よ
説明のプロなんだ……
同じくヘッドハンティングで来た元橋課長はゴリゴリのデキる男オーラ漂わせてるけど石田さんって飄々《ひょうひょう》としててよくわからないわ
……
石田さん…… 本当はすごい人なんだ…
スッ

また君はボーッとして
時は金なり
時間はもっと
有効活用すべきだよ
あ
元橋課長!?
明日の
定例プレゼンの
準備は
できてるの？
もう
意味の
わからない
説明は
やめてくれよ
さ
ボーッと
してないで
準備準備
ポーン
明日のプレゼン……
うまく説明できる
気がしないっ！
やばい!!

あ 春田さん？
どうかされましたか？
石田さん！
お願いします！
説明の極意をば
私にご伝授
ください！
自分でも
わかっているんですが
説明力がなさすぎ
て……
ほらほら
そんなことしなくても
教えてさしあげますよ
だから
頭を上げてください

本当ですかあああ!?
ありがとうごぜえますだあ!
恩にきますですぅ!
鼻水が出てますよ
大衆居酒屋　夜
大衆酒場
……つまり
明日の部署内での
定例プレゼンが
頭痛の種だと
今まで
定例プレゼンで
企画を通したことが
ないんです……
なるほど それで春田さん
あなたのプレゼンは
ほかの人と比べて
時間はどうですか?
考えたこと
なかったけど
長いかも……
でも情報の量は
増やせば増やすだけ
わかりやすくなるん
じゃないですか?

それは逆ですよ
情報は増やせば増やすほど混乱を招きます
そ そうなんですか!?
伝えたいメッセージを確実に伝えるもっとも重要なポイントは長く話さないことです
「サウンド・バイト」というテクニックを聞いたことってありますか？
いえ初耳です

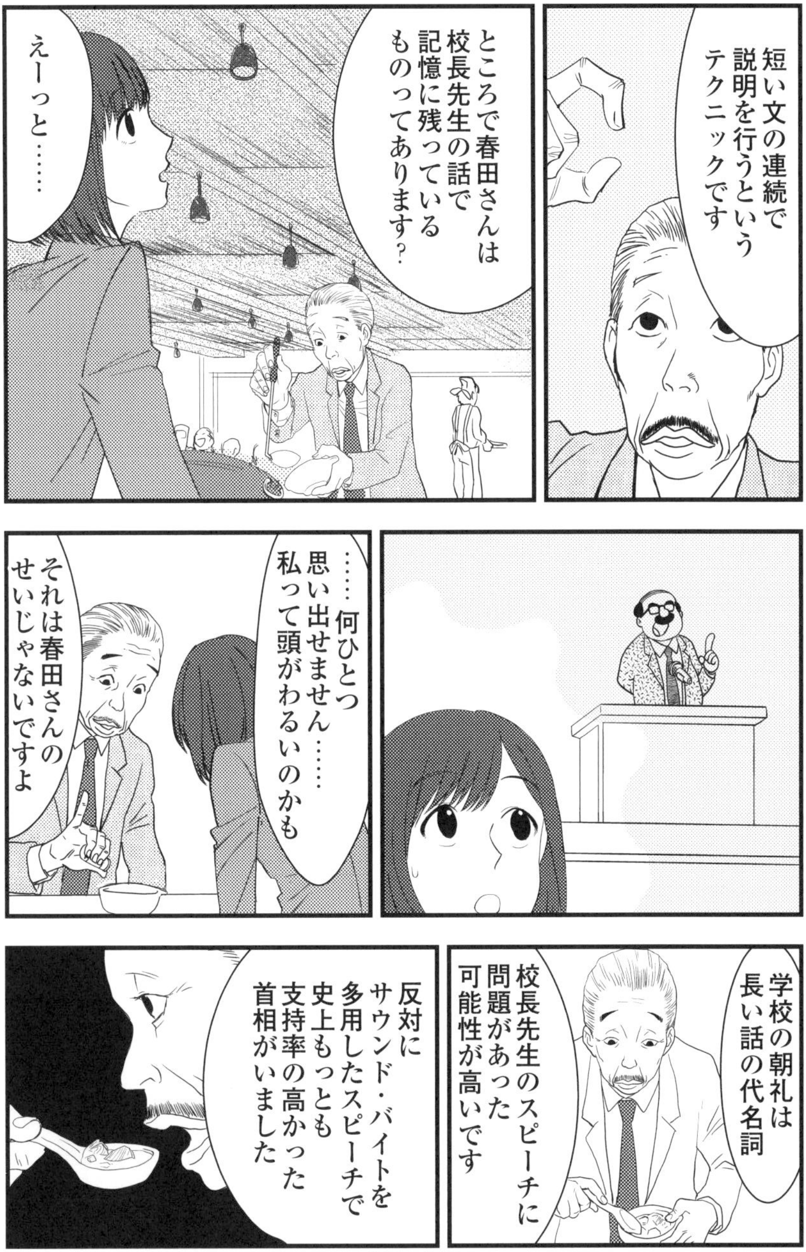
短い文の連続で説明を行うというテクニックです
ところで春田さんは校長先生の話で記憶に残っているものってあります？
えーっと……
……何ひとつ思い出せません……私って頭がわるいのかも
それは春田さんのせいじゃないですよ
学校の朝礼は長い話の代名詞
校長先生のスピーチに問題があった可能性が高いです
反対にサウンド・バイトを多用したスピーチで史上もっとも支持率の高かった首相がいました

痛みに耐えてよく頑張った
感動した！
そういえばその場面とセリフ まだ憶えてます
短い言葉は本来記憶に残りやすいんですよ
ただ文章を短くしようとすればそれだけ話し手は「言葉を厳密に選ぶ」必要があります
どっちがわかりやすい？
×一文が長いと記憶に残らない
東京本社の第4営業部の小林さんが大阪支社に異動するのが再来年ではなく来年に変更となったので 業務の引き継ぎ作業を私がやる必要があるかを部長に確認したほうがいいでしょうか
◎むだがないと記憶に残りやすい
東京本社第4営業部の小林さんが大阪支社に異動します
当初 再来年の予定でしたが来年に変更となりました
業務の引き継ぎ作業を私がやる必要がありますか
部長の確認はいるのでしょうか
左右の説明文を見比べてください 短文に区切った左側のほうが圧倒的にわかりやすいと思いませんか？
わかりました！今度は短い文章で簡潔に表現することを心がけてみます！

すみませんでした！　今日もためになる話を聞いた上にごちそうにもなっちゃって
いえ　いいんですよ
あ　そういえば　エレベーター・ピッチって言葉知ってますか？
いいえ　何ですか？
キーパーソンと2人きりでエレベーターに乗っているわずかな間を利用して自分の提案を伝えることなんですが
時間にして　せいぜい1分間
明日のプレゼンで伝えたい内容を1階に着くまでに私に話してみてくれませんか
あ　あわわわわ
せっかくだからやってみますか
えっ⁉

あのですね
私 動物大好きなんですよぅ
カバとか
あ 普通にパンダとか
コアラも大好きですよ
そういえば
エリマキトカゲって
いませんでしたっけ?
覚えていますか
マウスレストとか
どうでしょうか……
えーと……
自分でも何言ってるのか
わかんないっ!
はい
そこまで
キン

ちょうど1分です 言いたいことはどれぐらい 伝えられましたか？
ううっ…… 全然ダメです……
春田さんは どうして1分間で話が まとめられなかったのか わかりますか？
…… わかりません
「必要な情報」と「不必要な情報」が ゴチャゴチャに なっていたから です
説明というのは 「不必要な情報」を カットするだけで 格段にスッキリし 「伝わる説明」に 変わるんです
北の里
DINING
焼肉
では 「不必要な情報」とは 一体何でしょう？
…… 聞き手にとって 重要度の低い情報？
正解です！ そういう情報は 背景情報といって あと回し できれば カットがいいんです

不必要
必要
不必要な情報をカット
これだけで話は随分とわかりやすくなります

そっか！ 聞き手視点で「重要度の高い情報」と「重要度の低い情報」を整理し「重要度の高い情報」から順番に話していく それも短文で！
聞き手が聞きたい情報
昭和にはウーパールーパー、エリマキトカゲなど
たくさんの動物ブームがありました。
私も含めて若い女性は動物が好きですよね。
カバ、パンダ、コアラなどは昭和だけでなく、
現在も大人気です。
また、昨今はマウスレストも人気ですよね。
私なんて３個も持っているのですが、
カワイイものをみつけたら、ついつい
買ってしまいます。
なので、昭和の動物をマウスレストに
してみてはいかがでしょう。
『ぐにゃパンダ』でお馴染みの一流デザイナーの
中里さんは現在も第一線で活躍しているので、
中里さんに本企画のデザインを依頼したいです。
太字部分だけのほうが伝わりやすい！

そうそう その調子です あとは練習あるのみ
石田さん さっそくエレベーターで練習です！
ええっ…… ちょっと……

会議室
……う～ん
どの企画も
平凡だな
では 最後に
春田くん
ヨロシク
あ はいっ
相手が知りたい
ことから話す……
自分が
言いたいこと
ではない……
スゥ…
この企画を
提案します!!

ジャーーン
わあ！かわいい～♡
スゴ～い！ほしー
昭和に流行った動物のマウスレストの企画です
今机に置いたのは試作品ですがいかがでしょうか
デザイナーはどうするつもりなんだい？
はい『ぐにゃパンダ』の中里さんがいいかとすでにスケジュールとデザイン料は調整済みです

そう で
発売時期は？
3カ月後に
発売したいです
今までうちで
取り扱った
商品とは随分
顧客対象が
違うけど？
はい
当社HPの
集客力と
前例を確認
した
ところ
企画ページを
作れば
顧客対象が
違っても
売れる
見込みがある
と踏んで
います
それに
日本全国の
クレーンゲーム
景品にしても
いいのでは
ないかと
思っています
……
最後にもう一度
昭和の時代に流行った
動物のマウスレスト
よろしくお願いします

……いいかも しれないね 春田くん
売れそう
本当ですか!?
ああ……今度の 社内企画会議には 三課を代表して 春田くんの企画を 提案しよう！
あ ありがとう ございますっ！
春田くんどうしたの？ 企画が急にグッと 良くなったじゃない
入社時から俺は 君には期待してたよ これからも頑張ってね
やったー とうとう企画も通ったし また一歩前進!!
ポ
ガ

ドン
秋山冬香　28歳
株式会社エメラルド・フォレスト社長
お疲れ様です……

バチ
バチ
バチ
ポーン
ガー
コツ
コツ
し死ぬかと思った……
冬香社長はこの後
超えるべき大きな壁として
私の前に立ちはだかりました
それをこのときの私は
まだ知らなかったのです……

説明
実践 ❷

長い説明は嫌われる！短くわかりやすい説明がデキる社会人の条件

「校長先生のスピーチ」「上司が飲み屋で語る武勇伝」。どちらも「長いな～早く終わらないかな……」と嫌がられやすい話です。ではなぜ、それらが嫌がられるのか。それは、聞き手が興味のない情報が長く続くからです。ビジネスの場において、社外の人との打ち合わせで、本題が10分ほどで終わってしまい、残り時間で同じことを繰り返したり、自分だけしかわからない趣味の話をしたりと、興味のない話を続けると相手は不快になります。

本題から脇道にそれた雑談は、相手との距離を縮める効果もあるのでまだいいですが、報告・プレゼン・スピーチで長い説明は最悪。話すことがないにもかかわらず、尺を埋めるだけの長話は、話す本人はもちろん、聞いている人も得をしません。ポイントは「短く」です。説明には適切な尺があります。ムダに長くするのは、メリットがありません。「あいつの説明は手短でわかりやすい」と思われる説明術を、本章で学んでください。

テク6

ダラダラ長く話さない

説明が下手な人は話が長い！

説明する相手が「何を気に入るかわからない」と、むやみに情報量を増やす人がいます。しかしその考え方は誤りです。情報量が多ければ多いほど、聞き手と話し手の両方が何の話かわからなくなり、次第に趣旨とは違った方向に話が進みます。新聞・TVなどのマスメディアの取材を受ける機会が多い経営者・広報担当は「メディア・トレーニング」という研修で能力を高めています。このトレーニングはメッセージの伝達効率を高め、「伝えたいメッセージを確実に伝える」という高度な技術を学ぶものですが、繰り返し強調されるのが、「長く話さない」というポイントです。

効果的に伝えるためには、集中して最後まで聞いてもらうための工夫も必要。「何を気に入るかわからない」と、膨大な情報量の押し付けはやめて、伝えなくてもいい情報を自分からカットできる能力を高めましょう。

メリハリを生む時間の使い方

開始 ▶▶▶▶▶▶▶ 打ち合わせ時間の段取りを考えておこう! ▶▶▶▶▶▶▶ 終了

アイスブレイク
本題
雑談
本題 再確認 まとめ
0分
5分
45分
50分
1時間

POINT

打ち合わせは1時間が多い

来社の間ち合わせ時間の兼ね合いで、打ち合わせは1時間単位で行われることが多い。本題が30〜40分ほどで終わる場合は、無理して1時間に延ばさず、打ち解ける雑談（アイスブレイク）などを用意しておこう

本題は30分
くらいかな

POINT

集中する本題の時間と和やかな時間でメリハリをつける

NG

ずっと本題だと疲れる&大事なポイントがわからない

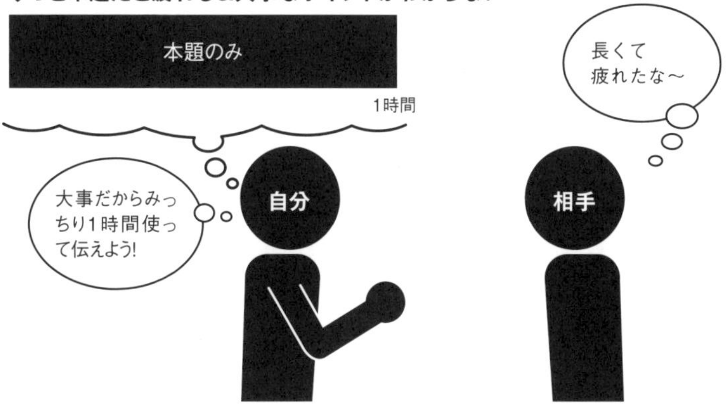
本題のみ
1時間
長くて
疲れたな～
大事だからみっちり1時間使って伝えよう!
自分
相手

テク7

ワンランク上の短文術

便利なフレーズ「ひと言でいうと」

ニュース番組をはじめ、TVで取り入れられている、短文の連続で情報を伝えるテクニック「サウンド・バイト」。短文を連続させると、「わかりやすくよく伝わり、記憶に残る」説明になります。

「サウンド・バイト」は難しいテクニックではありません。冒頭に「ひと言でいうと」とつけるだけで、成立します。「ひと言でいうと、予算が足りません。今のところ○万円ほど予算増額をお願いします」という具合に伝えます。すると聞き手は、「なんで予算が足りないの？」というように、気になった部分を質問してくるので、ひとつひとつ答えればいいのです。先に予防線を張って、理由や背景情報を話し続けたくなる気持ちもわからなくはありません。しかし、その気持ちが説明をややこしくしてしまうのです。割り切って、短文で話すように心がけましょう。

相手のリアクションを生む短文

短文で相手のリアクションゲット

説明の主な目的

- **情報を伝える**
- **状況を報告**
- **あとで「聞いていない」と言われるのを防ぐ**

一番の目的
聞き手にリアクションをおこさせる

↓ そうするには

何をしてほしいかを伝えることが大事

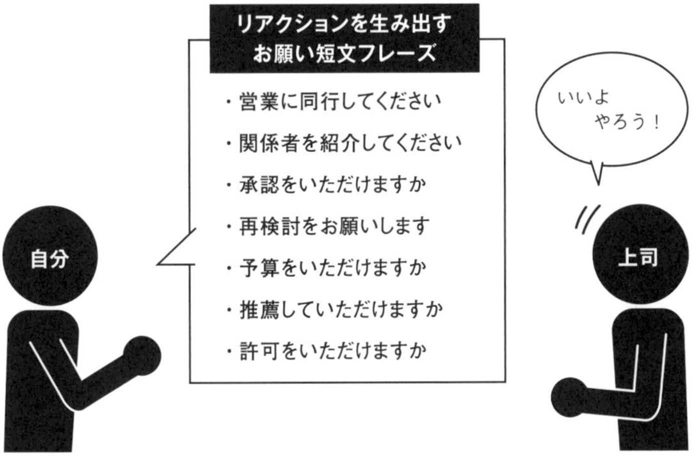
リアクションを生み出す
お願い短文フレーズ
・営業に同行してください
・関係者を紹介してください
・承認をいただけますか
・再検討をお願いします
・予算をいただけますか
・推薦していただけますか
・許可をいただけますか
自分
いいよ　やろう！
上司

POINT

もし気になるところがあれば、相手は質問してくる。質問に答えて不足を補おう

テク8

要求を1分で伝える

大切にあたためた企画はコレで通せ！

話を聞いてもらうだけでも儲けものというような格上の人を相手に、自分の提案を伝える効果的な方法が、「エレベーター・ピッチ」です。これは「エレベーターに乗っている程度のわずかな時間で、アイデアをプレゼンする」というテクニック。格上相手に対する説明の場合、話し手は長い時間をかけて伝えたいと思うものですが、聞き手は限られた短い時間で、重要なポイントを聞きたいと思うものです。まず双方に、このような大きなギャップがあると認識しなければなりません。最初にやるべきことは長くても1分程度に、あらかじめ説明をまとめておくことです。そして成功のコツは、「その場で話を完結させない」ということ。

その場で強引に完結させようとしても、判断に必要なすべての情報を1分にまとめることは不可能だからです。細かな情報はメールで送るようにするなど、伝え方を工夫しましょう。これが、格上相手に企画を聞いてもらったり、提案をしたりするときのコツです。

話し手と聞き手にはギャップがある

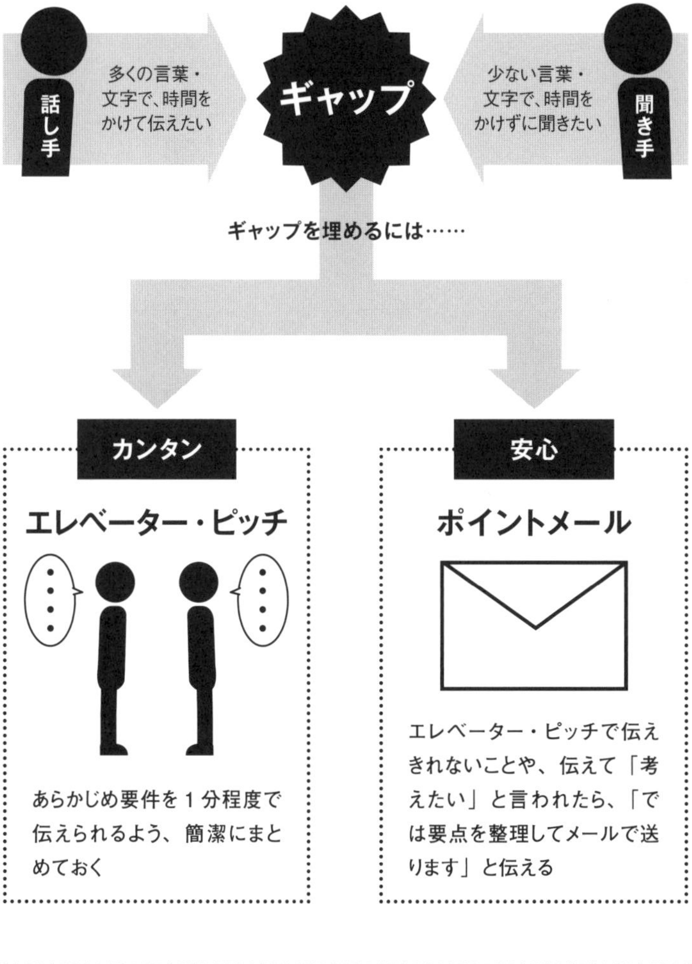
話し手
多くの言葉・
文字で、時間を
かけて伝えたい
ギャップ
少ない言葉・
文字で、時間を
かけずに聞きたい
聞き手
ギャップを埋めるには……
カンタン
エレベーター・ピッチ
あらかじめ要件を１分程度で伝えられるよう、簡潔にまとめておく
安心
ポイントメール
エレベーター・ピッチで伝えきれないことや、伝えて「考えたい」と言われたら、「では要点を整理してメールで送ります」と伝える

テク9

必要な情報と不要な情報

相手の聞きたい情報が必要な情報

説明時、聞き手は時間を拘束されています。下手な説明が聞き手の気分を害する一因は、自分が提供した時間に見合う価値のある情報が、聞けなかったことにあります。価値のある情報とは聞き手が必要な情報で、「最新ニュース」「専門分野のノウハウ」「知ると得する情報」など、聞き手が「いいことを聞いた」とひざを打つような情報だと考えてください。つまり必要な情報とは、相手が聞きたい情報のことで、話のテーマと関係性が高いほど必要度が高くなります。

たとえば、上司に顧客数増加という案を求められたとします。その際、「顧客を増やすのは増収のため」と決め付けて増収方法だけを説明すると、不十分になるかもしれません。なぜなら増収目的の顧客増加ではなく、人脈作り・販路拡大・または部下のテストなどを目論《もくろ》んでいる可能性もあるからです。そのため、相手の聞きたい情報を正確に捉えましょう。

必要な情報って何？

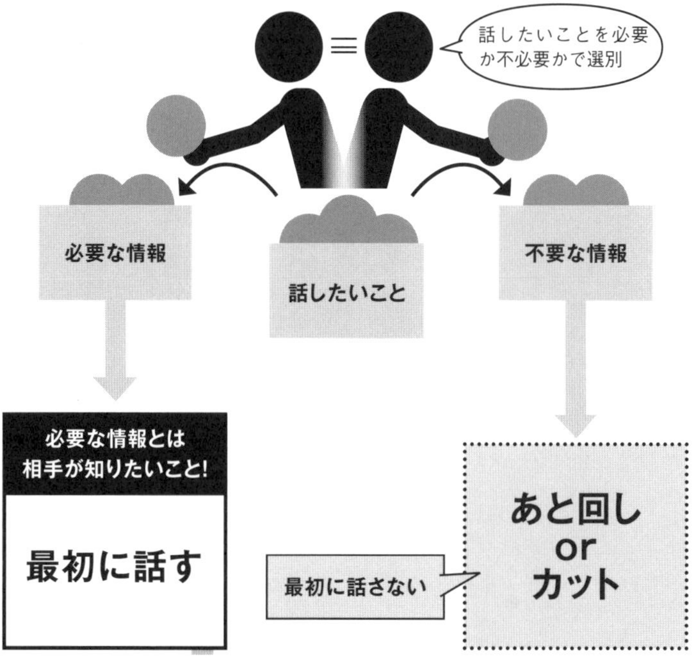
話したいことを必要か不必要かで選別
必要な情報
話したいこと
不要な情報
必要な情報とは相手が知りたいこと!
最初に話す
最初に話さない
あと回し
or
カット

上手に伝えるポイント

1 相手が聞きたいことを優先

2 相手が知りたい情報が説明の趣旨とズレるときは、「○○についてさらに詳しい情報が必要な場合には、あとでご説明いたします」と冒頭で伝える

テク10

相手が聞きたい情報から話す

思いついた順番で話さないように

お願いしたい気持ちが強いと、同じことを何度も繰り返しがちです。「納期が厳しい」「納期に間に合わない」「契約が欲しい」「契約したほうがいい」など、1回の打ち合わせや相談で何度も同じ話を繰り返す人は要注意。こちらの要求をいきなり説明し、相手が理由をよく理解できないまま、要求を繰り返すと、相手は心証を悪くします。

「自分が思いついた順番」の説明は、相手にとって重要度が低い情報が先に出てきてしまいがちです。何かを人に説明するときは、「思いついた」→「説明」ではなく、「思いついた」→「相手が聞きたいと思う（もしくは理解しやすい）順番に並べ替え」→「説明」という手順を踏むようにすれば、シンプルでわかりやすい説明になります。

ちょっとしたひと手間ですが、初心者でもすぐに実践できて、効果が高い説明技術です。ぜひ取り入れてください。

相手が聞きたい情報の使い方

イベント内容を知らない上司に報告

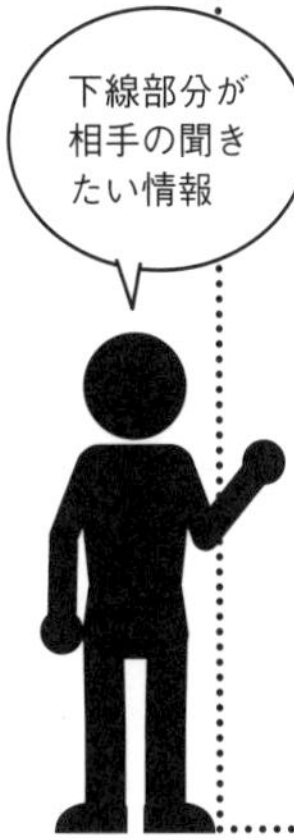

先週、東京ドームで開催された「世界最新自動車展覧会」に自社製品を出展しました。①今年のテーマは「より安全に走る未来」ということで、各社が安全技術を前面に押し出した展示を行っていました。当社の自動ブレーキシステムは好評で、②お問い合わせ件数約８００件と大きな注目を浴びていました。Ａ社は前方にセンサーを搭載し、当社とは違うアプローチで自動ブレーキを開発していましたが、コストが高く、試乗したところ精度は当社に分があるようでした。③東南アジアの大手販売店から当社商品の問い合わせが多かったので、今後は東南アジアが狙い目かもしれません。

①話の流れを整理

話す内容はテーマに沿っているので、まずはテーマから伝える

②具体的な数字を挙げる

お問い合わせ件数800件と具体的な数字を挙げて説得力を出す

③重要度の高い情報を補足

ライバル社の動向という結論のあとに、自社の状況を話す

聞きたい情報が欠けていると相手は納得できない

テク11

過去・現在・未来は要確認

時系列を共有しておく

「いつ」は、事実を説明するときの目印になります。「来月、売り上げを倍の５００万円にします」と「定年退職までに売り上げを倍の５００万円にします」では、まったく違う難易度になることからわかるように、時系列は説明にとって不可欠な要素です。「いつ」で大事なのは、「話し手」と「聞き手」の時間軸共有。そうしないと話し手が今週中をめどとして「すぐやります」と伝えても、聞き手は「すぐだから今日中だな」と受けとるかもしれません。幅のある表現をせず「本日中」「４日以内」というような答え方がベストです。

トラブル防止のためにプロジェクトの最中に今後の予定を、「今」伝えておいたほうがいい場合もあります。会議だけでなくメールにも書いて確認のために送ることで、参加者全員で時系列を共有でき、文面も残って、あとで「言った」「言っていない」という問題の発生を回避することも可能です。

「いつ」は話の道しるべ

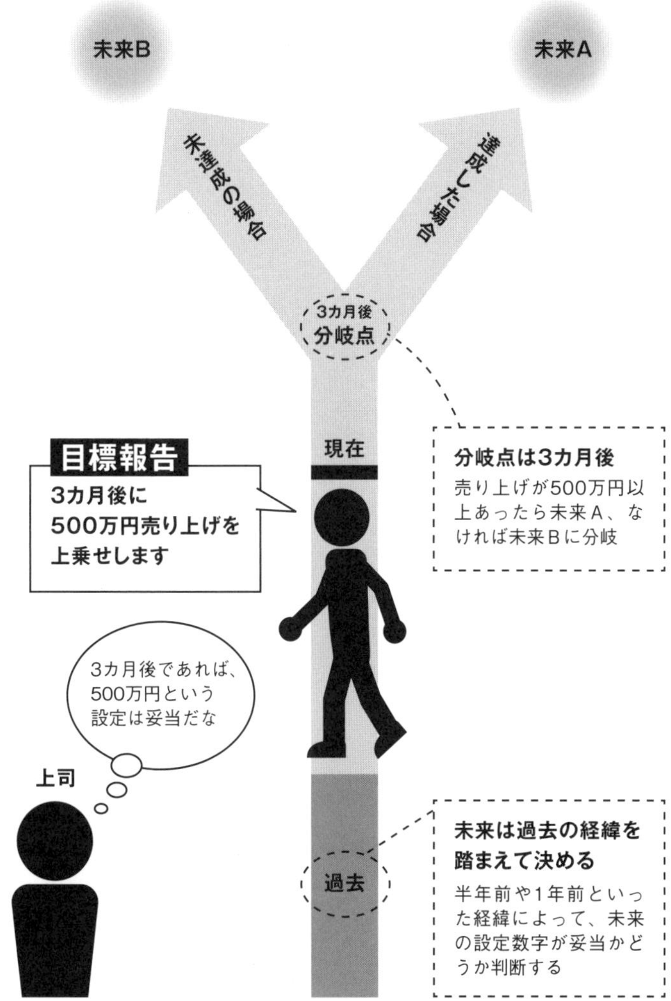
未来B
未来A
未達成の場合
達成した場合
3カ月後
分岐点
現在
目標報告
3カ月後に
500万円売り上げを
上乗せします
分岐点は3カ月後
売り上げが500万円以上あったら未来A、なければ未来Bに分岐
3カ月後であれば、
500万円という
設定は妥当だな
上司
過去
未来は過去の経緯を踏まえて決める
半年前や1年前といった経緯によって、未来の設定数字が妥当かどうか判断する

マンガでわかる!
かならず伝わる
説明の技術

第3章

イメージを共有しよう

営業企画部第三課では
昭和に流行った動物の
マウスレスト企画を
社内全体会議で
提案するための
準備に入っていた
春田くんは
いるか
ズン
ズン
はい
なんでしょうか
春田くん
君の送ったメールが課内で
問題になっている
何を書いているのか
さっぱりわからん
暗号か これは？

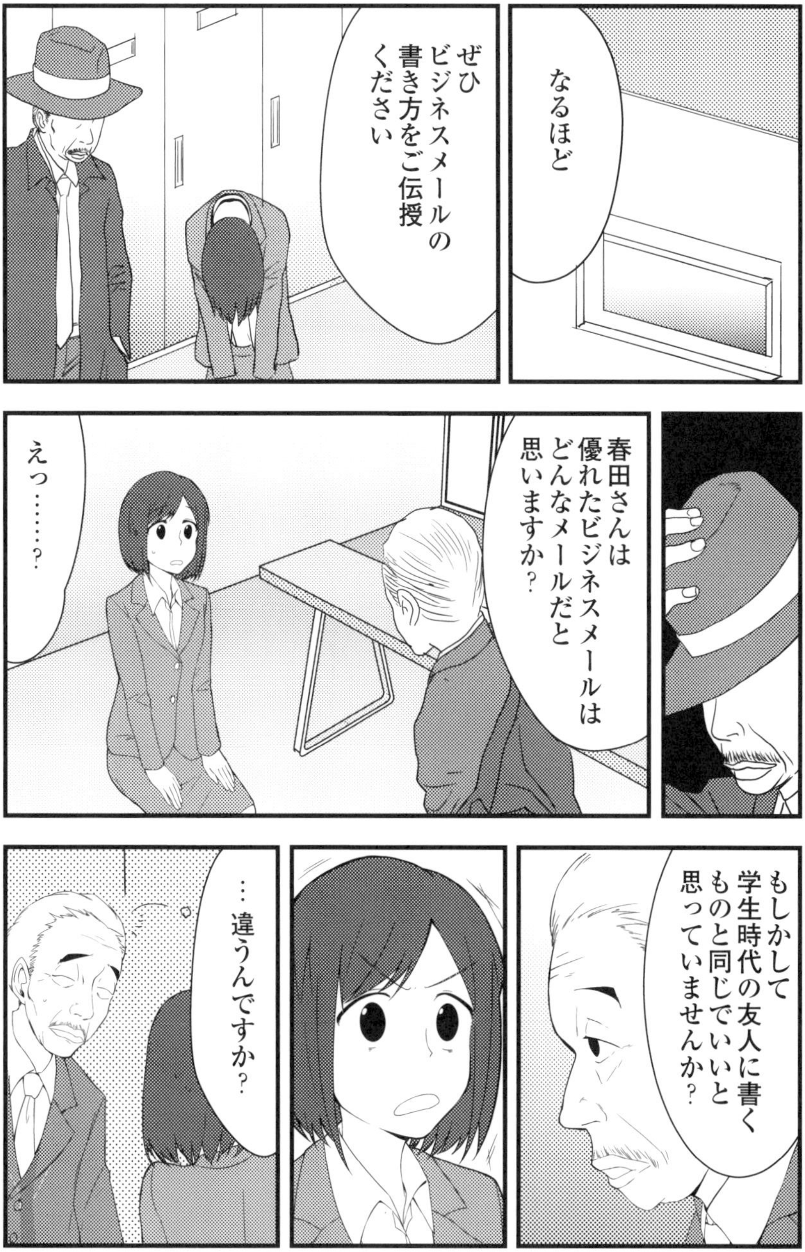
なるほど
ぜひビジネスメールの書き方をご伝授ください
春田さんは優れたビジネスメールはどんなメールだと思いますか？
えっ……？
もしかして学生時代の友人に書くものと同じでいいと思っていませんか？
…違うんですか？

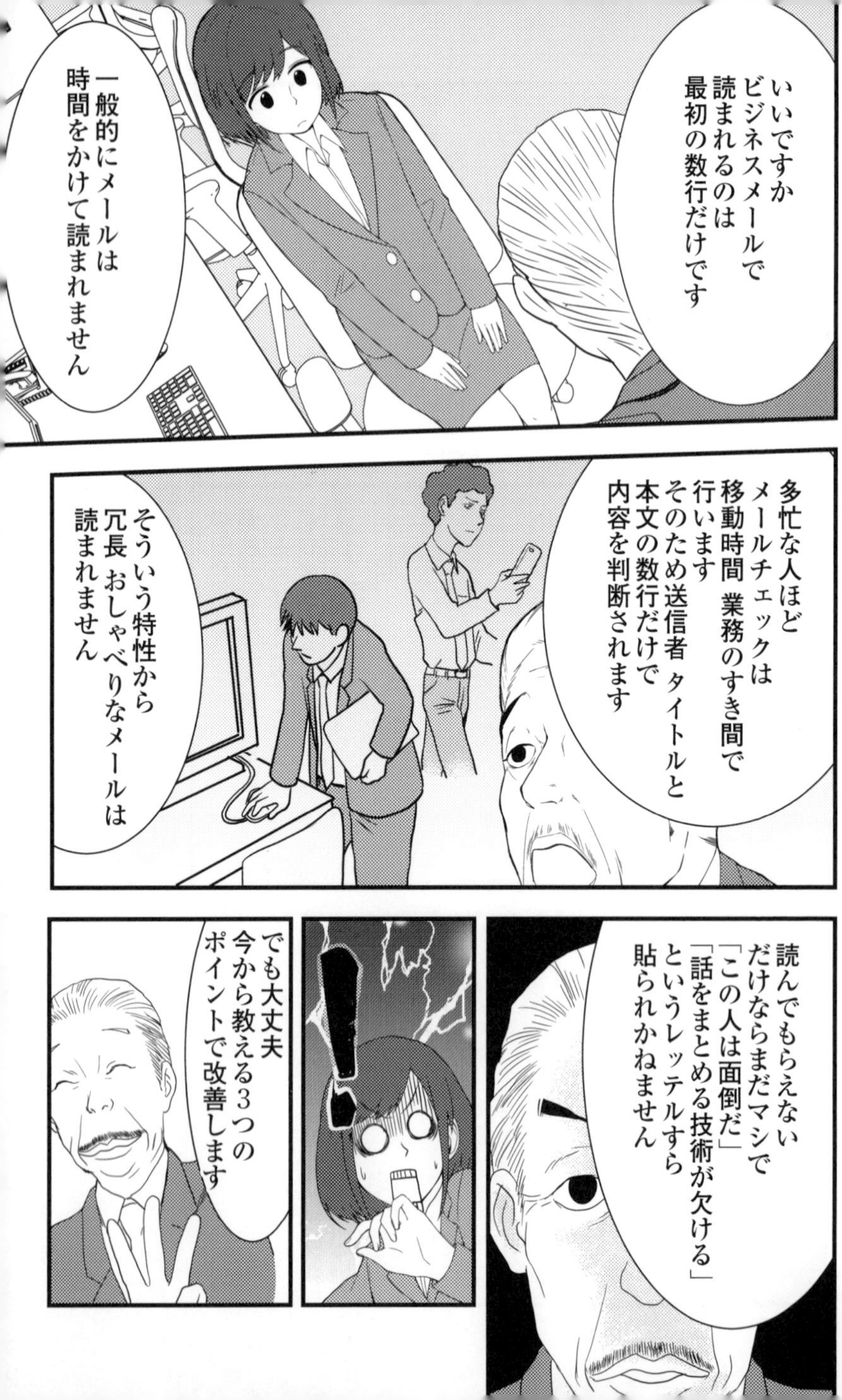
いいですか
ビジネスメールで
読まれるのは
最初の数行だけです
一般的にメールは
時間をかけて読まれません
多忙な人ほど
メールチェックは
移動時間 業務のすき間で
行います
そのため送信者 タイトルと
本文の数行だけで
内容を判断されます
そういう特性から
冗長 おしゃべりなメールは
読まれません
読んでもらえない
だけならまだマシで
「この人は面倒だ」
「話をまとめる技術が欠ける」
というレッテルすら
貼られかねません
でも大丈夫
今から教える3つの
ポイントで改善します

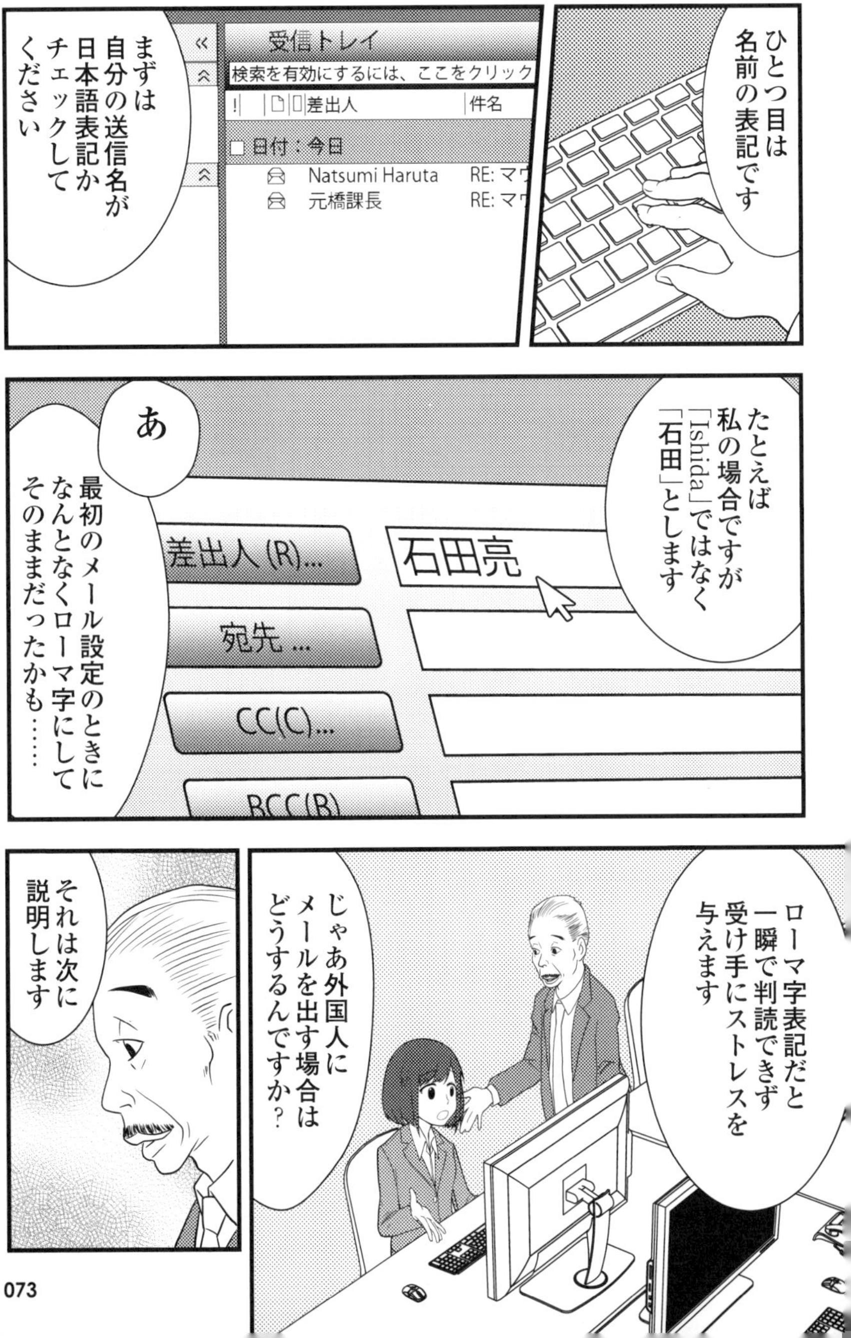
ひとつ目は名前の表記です
まずは自分の送信名が日本語表記かチェックしてください
受信トレイ
検索を有効にするには、ここをクリック
差出人
件名
日付：今日
Natsumi Haruta
RE: マウ
元橋課長
RE: マウ
たとえば私の場合ですが「Ishida」ではなく「石田」とします
あ
最初のメール設定のときになんとなくローマ字にしてそのままだったかも……
差出人(R)...
石田亮
宛先 ...
CC(C)...
BCC(B)
ローマ字表記だと一瞬で判読できず受け手にストレスを与えます
じゃあ外国人にメールを出す場合はどうするんですか？
それは次に説明します

2つ目は署名です
署名とは
メールの最後にある
連絡先のことです
送信者が日本語だと
外国人には意味不明
そのため署名は
日本語表記と英語表記
両方あるといいですね
そうすることで
外資系など
外国人との
やり取りが
スムーズに
なります
また メールに
自動で
署名を付ける機能を
利用している人も
多いですが
エメラルド・フォレ
営業企画部
春田夏海
Haruta Natsumi
mailto:natharuta@emeraldforest.co.jp
ほとんどは社名 名前
パソコン宛のアドレスしか
書かれていません
長期休暇直前や
出張時など
仕事に緊急性が伴う場合
次のアクセス手段を
入れるようにしましょう

時間外や週末にアクセスできる
メールアドレス
メール以外のアクセス方法
やっほー、ひさしぶり ひま? うち、めっちゃひまやねん
いそがしい
ひまなんだよねー ちょっと時間つくれない?
いそがしい
あおうよ?
いそがしい
ブログやSNSのURL
ツイッターのユーザー名
なつみ
@springsummersea
ぶたのグッズ集めてます!
はいはい 質問!
自宅の住所は入れますか?
手紙は
緊急時に対応できないので
記載の必要はありません
カタ カタ
できました!
じゃあ送信っと!
ちょっと
待ってください!

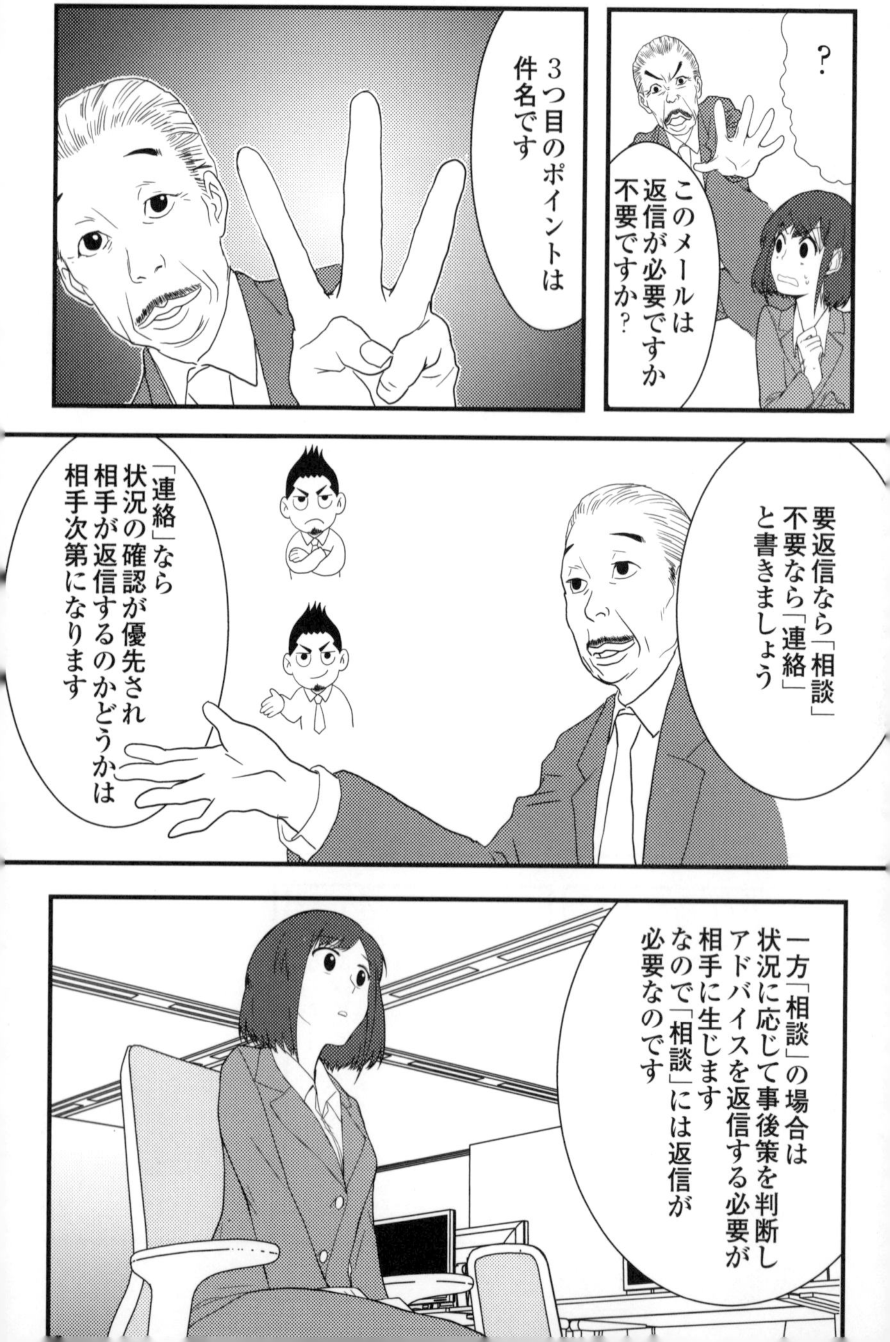
？
このメールは返信が必要ですか不要ですか？
3つ目のポイントは件名です
要返信なら「相談」不要なら「連絡」と書きましょう
「連絡」なら状況の確認が優先され相手が返信するのかどうかは相手次第になります
一方「相談」の場合は状況に応じて事後策を判断しアドバイスを返信する必要が相手に生じます
なので「相談」には返信が必要なのです

こちらは何気なく書いても内容によって受け手のリアクションが枝分かれするところです
そのため件名ではっきり示したほうがいいでしょう
他のメールに埋もれて後回しにされないように件名にお願いをはっきりと書きましょう
タイトルに「相談」「要返信」「要確認」などと書き入れるってことですね
それから返事をしやすいように相談内容が3つあるなら「以下の3点についてご意見をお聞かせください」と明記した上で1、2、3と箇条書きにします
なるほど

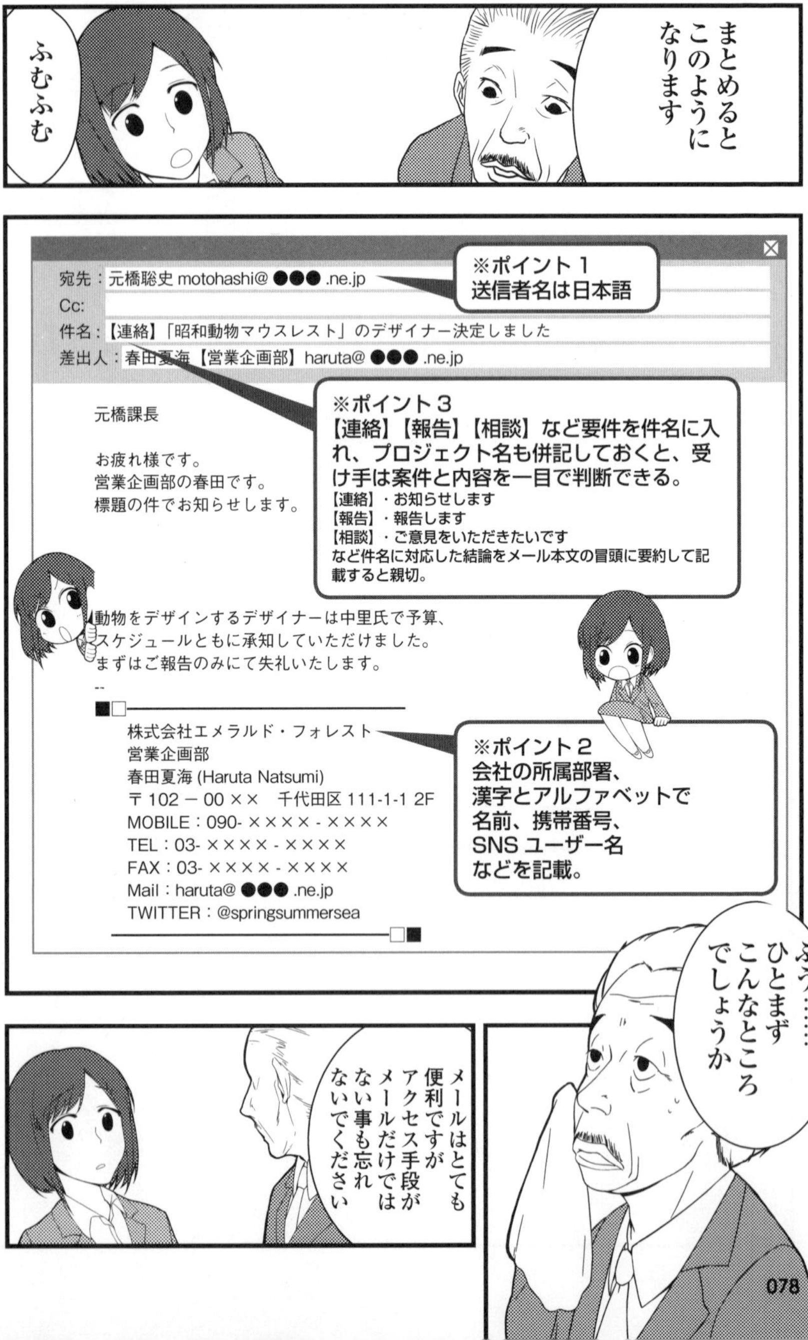
まとめると
このように
なります
ふむふむ
宛先：元橋聡史 motohashi@ ●●● .ne.jp
※ポイント１
送信者名は日本語
Cc:
件名：【連絡】「昭和動物マウスレスト」のデザイナー決定しました
差出人：春田夏海【営業企画部】haruta@ ●●● .ne.jp
※ポイント３
【連絡】【報告】【相談】など要件を件名に入れ、プロジェクト名も併記しておくと、受け手は案件と内容を一目で判断できる。
【連絡】・お知らせします
【報告】・報告します
【相談】・ご意見をいただきたいです
など件名に対応した結論をメール本文の冒頭に要約して記載すると親切。
元橋課長
お疲れ様です。
営業企画部の春田です。
標題の件でお知らせします。
動物をデザインするデザイナーは中里氏で予算、
スケジュールとともに承知していただけました。
まずはご報告のみにて失礼いたします。
--
■□
株式会社エメラルド・フォレスト
営業企画部
春田夏海 (Haruta Natsumi)
〒102 － 00 ×× 千代田区 111-1-1 2F
MOBILE：090- ×××× - ××××
TEL：03- ×××× - ××××
FAX：03- ×××× - ××××
Mail：haruta@ ●●● .ne.jp
TWITTER：@springsummersea
□■
※ポイント２
会社の所属部署、
漢字とアルファベットで
名前、携帯番号、
SNS ユーザー名
などを記載。
ふう……
ひとまず
こんなところ
でしょうか
メールはとても
便利ですが
アクセス手段が
メールだけでは
ない事も忘れ
ないでください

メールは手軽で記録も残りますが緊急性を要する連絡は苦手です メールしか連絡手段がないときは合わせて電話番号を入れたほうが確実です
わかりました
では
よし!
ポチッ
送信
メールを送った後ミーティングなどでイメージがシェアできる書き方を知っているとさらに仕事がはかどります
よろしかったらこのあと そのコツの話でもしますか?
あ はいっ!
Trattoria Hirota
OPEN

へぇ……
石田さん こんなお店も
知ってたんだぁ……
説明っていうのは
多くの場合 目の前の相手
だけが対象じゃないんです
メールも大事ですが
相手を目の前にした
打ち合わせも大事ですよね
そんな打ち合わせで
一番大事なことは
「相手にメモして
ほしいこと」を
伝えることです

あなたの説明を聞いた相手が
さらに第三者に説明することを考えないといけないのです
そこまで考えられた説明が「結果を出す説明」なんですよ
そのためには
自分のメモをそのまま相手に使わせる
つまり内容を箇条書きにすることです
あ……シャーペンやボールペンよりもいい文房具があるんですよ

サインペン？それも青！どうして？
青だと柔らかい印象を与えます
ポンッ
それから机の反対側からでもペン先が太くて見えますからみんなが覗き込むようになるんです
サラ
サラ
本当だ…
・打ち合わせのメモはボールペンではなく青のサインペンで
・理由
青だと柔らかい印象を与える。
・ペン先が太いから机の反対側からでも見える
差は一目瞭然ですね…
重要
青
サインペン購入
このメモを会議の参加者で共有すればそれが共通理解となりノートに書いたことはそのまま議事録になるんです
他に注意する点は

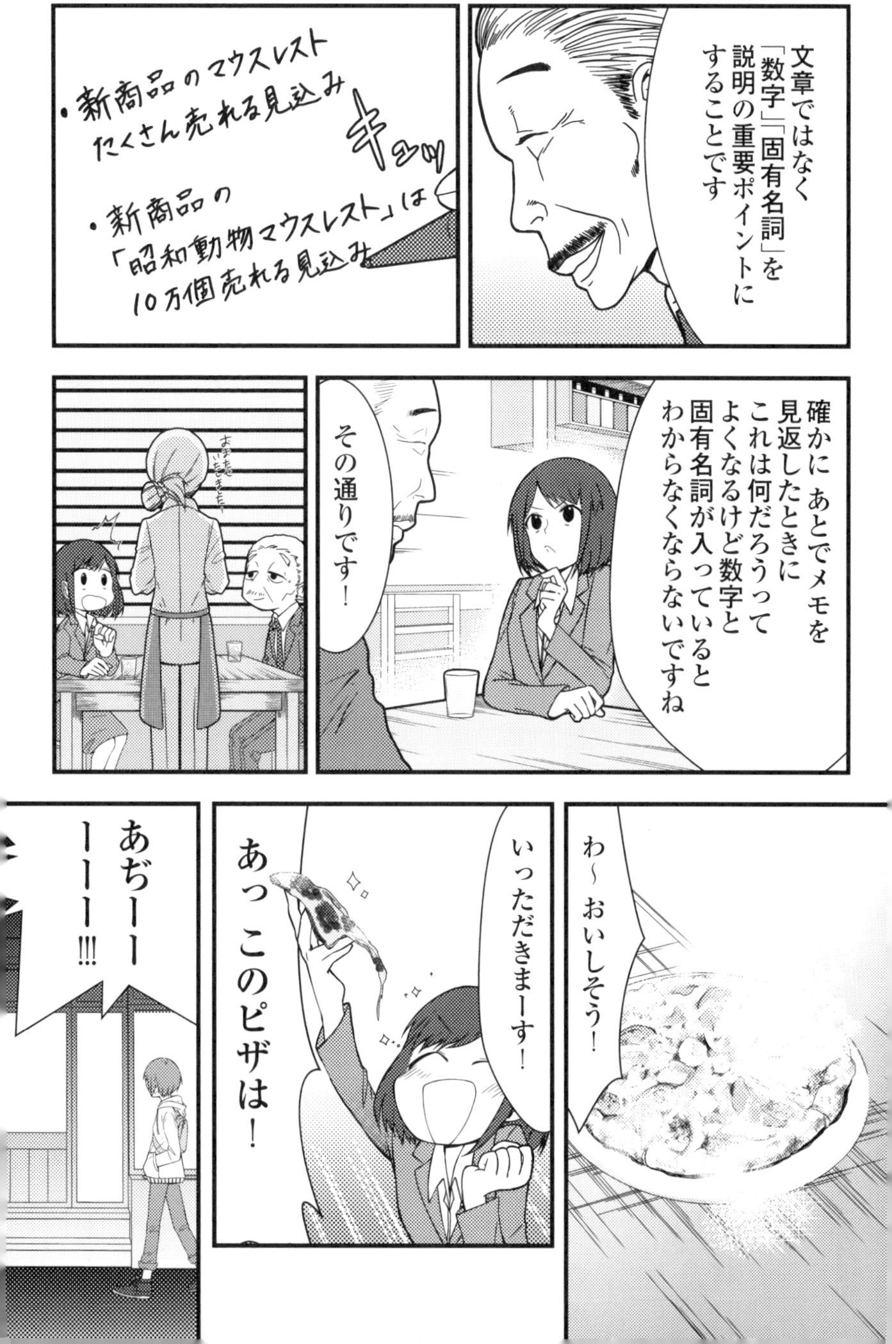

文章ではなく「数字」「固有名詞」を説明の重要ポイントにすることです
・新商品のマウスレスト たくさん売れる見込み
キュッ
・新商品の「昭和動物マウスレスト」は 10万個売れる見込み
確かに あとでメモを見返したときにこれは何だろうってよくなるけど数字と固有名詞が入っているとわからなくならないですね
その通りです！
おまたせいたしました
わ～おいしそう！
いっただきまーす！
あっ このピザは！
あぢーーーーー!!!

翌日
Emerald Forest
大会議室
……私のプレゼンは以上です
ズォォォォオオ

カチ
カチ
カチ
カチ
カチ
カチ
……最後のプレゼンだけど
…はい？
経験不足
荒削り

……でも自分のやれる範囲で
必要最低限を説明できていたわ
動物のマウスレスト
進めてちょうだい
は はい
ありがとう
ございました！
ペこっ

やった～!!
企画が通ったあ！
ガンッ
会社は慣れた？
DVD
レンタル
REO

はい
おかげさまで
使えそうな社員は
見つかった？
もちろんです
さすが優秀な社員が
いっぱいいらっしゃるから
お世辞はよして 今年は不作よ
人事部全員 クビにするつもりよ
あなたも今日
プレゼンで見たはずですよ
あの子……
……そうかしら
きっと化けますよ
近い将来 あなたの会社に
とってなくてはならない
人材になるはずです
CASHER
ヘックション
誰か私の噂
しているの
かなあ～？

説明
実践3

デキると思われる メモ&メール ワンランク上の説明メソッド

1章と2章で説明の基本構造を知れば、上司や取引先にもそつなく説明できるようになります。ここからは、手ごわい上司や面識のない人を動かすための、ワンランク上の説明術を紹介します。それが書いて伝えるという方法です。たとえばメモをとるときに、「自分だけが読めるメモ」から、「みんなが覗き込むメモ」に昇華させられる方法があります。ホワイトボードのようにみんなが使えるメモが書けるようになると、打ち合わせや会議の質が数段高まります。また、メールは口頭説明のように身ぶり・手ぶりができず、基本的に文章一本勝負になるので、説明が下手だと意味不明になります。わかりやすいメールに特別なワザは必要ありません。件名、冒頭のあいさつ、署名と、決まりきった文面をちょっとテコ入れするだけで、グッと引き込まれるメールに様変わりします。口頭による説明だけでなく、書く説明もバッチリ身につけましょう。

テク12

人を動かすメモ

メモは長くならないように

相手をメモで動かすには、①自分でメモをとって、それを相手に使わせる②自分の言葉を相手にメモさせるという、２つの方法があります。前者は、重要事項を箇条書きにするだけです。ポイントは、自分だけのメモにするのではなく、みんなが覗き込むメモに仕上げること（92ページ参照）。後者は、相手が箇条書きでメモができるよう、大事な内容をひと言ずつ伝えるだけです。ニュース番組、バラエティー番組と、ジャンルを問わずにTVはよくテロップを出します。テロップは、リモコン操作で面白そうな番組を探している人の興味を引くためにはじまったもので、箇条書きのメモもこれと同じく視覚に訴えかける効果が高いのです。

しかし注意点がひとつだけあります。それは、「最低限の単語」に限るということ。読むのが負担になるような長文は、逆効果になります。お願いしたい結論など、重要な部分だけを抜粋して伝えるようにしましょう。

相手に見せたいメモの書き方

箇条書き

1相談がある
2見積もりが欲しい
3コストカットを
1週間以内にお願いしたい

もとのメモ

お見積もりを出していただきたく、ご相談があります。弊社社内でコストカットを進めておりまして、御社から1週間以内にお見積もりを頂戴したく思います。勝手なお願い恐縮ですが、できるだけコストをおさえた形で見積もりをお願いできないでしょうか

箇条書きを利用すればわかりやすい!

●メモの目的

1最初に聞き手に伝える

2聞き手の説明によって第三者が動く

メモの効果

目の前の相手が動き、第三者を動かして要求を通す

テク13

サインペンのメモはスゴい

青いサインペンは説明力を高める文房具

説明する相手の視覚に強烈なインパクトを与えるために、ボールペンではなく「サインペン」を使ってメモをとりましょう。会議や打ち合わせで参加者が前のめりになってメモ帳を覗き込むという、コミュニケーションを大きく変えるほどの効果があります。

特にオススメなのが、「青色のサインペン」です。青は資料と色がぶつかりあうことが少なく、黒や赤よりも柔らかい印象を与えます。また、メモ帳やノートにびっしりたくさん書こうとするのではなく、「矢印」「囲み」「番号の割り当て」などを使って、話の流れがひと目で理解できるようにしましょう。

良いメモは、参加者全員で共有でき、メモに書いた内容が「共通理解」となって、「議事録」になります。ペンを変えるだけとお手軽な上に、聞き手がメモ帳を指さしできるだけでなく、前のめりになり距離も一気に縮まります。ぜひお試しを。

理想的なメモ

1 部内目標

2

1 売り上げ10億円
　→ひとり3千万円

2 残業をなくす→水曜日は
　「ノー残業デー」

3 月に1回懇親会を開く
　・予算は部全体で10万円／月

3 ↓

目標
必要な仕事量を見える形にして
メリハリをつける

1

タイトルをつける

タイトルをつけると、内容全体がわかりやすくなる

2

箇条書き

内容をひとまとまりにするのではなく、要点を箇条書きにする

3

**矢印で
よりわかりやすく**

矢印を使うことで、ひと目でわかるようにしよう

テク14

固有名詞と数字の効果

「固有名詞」「数字」で具体化して信ぴょう性を上げる

メモや説明でとても重要になるのが、「固有名詞」と「数字」です。会議において、青いサインペンを使って、参加者全員でメモを完成させたとします。しかし、そこに「緊急なのでなるはやで作業する」と書かれていたら、参加していない人は「いつまでだろう」という疑問が湧きます。「みんな賛成した」とあれば、「みんなって誰と誰？」とストレスになります。そういったストレスを生み出さないために、「数字」「固有名詞」は不可欠な情報です。

もっとも、すべてを「固有名詞」と「数字」にすべくいちいち確認していたら、進行の妨げに……。重要キーワードだけでいいので、しっかり確認しましょう。相手にメモさせたいなら、「固有名詞」と「数字」はワンテンポ落としてゆっくり話しましょう。なぜなら、双方とも頭で理解しようとすると、時間がかかることもあるからです。速度を落とすことで聞きやすくなり、相手がメモしやすくなります。

固有名詞&数字を明確に

●固有名詞一例

	×NG		○GOOD
1 建物名	駅から出てすぐの、赤いレンガの建物を左に曲がると到着します	➡	駅から出てすぐの赤いレンガでできた東京第5博物館を左に曲がると到着します
2 店名	この辺はおいしいラーメン屋が多いですよ	➡	この辺はおいしいラーメン屋が多いですが、なかでも「満腹ラーメン三郎」が一番おいしいです
3 人名	みんな欲しいと言っています	➡	AさんとBさんとCさんが欲しいと言っています
4 曲名	ロックが好きなんですよ	➡	「○○○○（曲名）」みたいな曲のロックが好きです
5 その他	Aさんは中東の言葉を話せます	➡	Aさんはアラビア語を話せます

●数字の一例

1 時間	もう少ししたら電話してください	➡	10分後に電話を頂けますか
2 金額	あとちょっとだけ安くなったら購入できます	➡	あと5千円だけ安くなったら購入できます
3 人数	今日はたくさん参加します	➡	今日は80人程度が参加します

テク15

連絡・報告・相談のメール使い分け

メールでは最初の一文で差をつける

メールを送る前に、「連絡」「報告」「相談」のどれに分類して送るかを決めましょう。そして、決めたことをはじめに書きます。そうすることで、受信側は全文を読む前に、どんな目的のメールかわかるようになります。「連絡」は、状況確認。返事や指示は相手次第と考えてください。「報告」は、結果・状況を説明し、送付先からもしあればアドバイスが欲しいときに使ってください。「相談」は確実に相手から返信をもらいたいときに送るものになります。

メールは電話に比べて相手の確認が遅くなりやすいですし、見落としの可能性もあります。すぐに確認してほしい要件や、確実に返信が必要なものは、電話で「詳細はメールをご確認ください」などと伝えるようにしましょう。また、面識のない人に連絡する場合は、メールではなく、最初に電話をしてからメールを送るほうが丁寧で、確実。メールはほかの連絡手段と合わせることで、より優れた説明ツールになります。

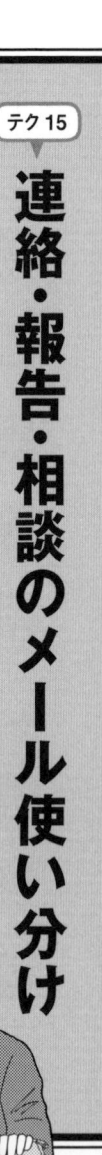

件名で受け手にわかってもらう

	連　絡	報　告	相　談
目的	**状況の伝達** 問題なく進んでいる状況を連絡。アドバイスや指示などの返信は不要	**結果の確認** 送り手の判断で決定できる内容を報告。相手からのアドバイスや指示がある場合も	**判断の要請** 相手からアドバイスや指示を求めるのが相談。要返信
返信の必要性	小	中	大
件名例	【連絡】 A社へ納品完了	【報告】 A社の納品先変更	【相談】 A社の納品日
最初の一文の例	・念のための連絡です ・お知らせします	・報告します ・情報共有いたします	・ご意見を頂きたいのですが、 ・お力を貸して頂けませんか ・お願いがございます

テク16

戦略的なメールとは

ポイントは時系列

ここでは「リマインド言葉」↓「現在地」↓「方向性」というメールに適した流れを紹介します。「リマインド言葉」とは、「……の件ですが」と要件を付け加えるだけでOK。「現在地」は「現在、……の状況です」などと書いて、時系列でいう「現在」の状態。「方向性」は「今後は……を優先するため、……と予想されます」という具合で、「未来」を伝えます。時系列にすると過去（リマインド言葉）↓現在地（現在）↓方向性（未来）の順番になります。この流れを守って内容を記せば、自然とわかりやすいメールが完成します。

メールのレイアウトにも注意が必要です。過去↓現在↓未来の順番で説明されていたとしても、改行がなく文字がびしっと詰まっていたら、読む気がうせます。日本語の正しさだけでなく、タイトルを太字にしたり、数字や記号で項目を整えたりして、見栄えにも注意しましょう。

10秒で趣旨が伝わるメール報告

株式会社Ａ社
佐藤たけのり　様

株式会社説明営業部の田中太郎です。お世話になります。

①販促物の制作をお願いしている新商品「○○」の件ですが、コンビニ取り扱いが決定しました。そのため、チラシやＤＭの文言変更をお願いします。

②現在、新商品「○○」の販促物に書かれている「△△」という表現の部分を、
コンビニ各社で全国一斉発売としてください。

③念のため、画像も添付いたします。
今後、生産数を４万個から10万個に増やす予定です。
また変更があればお知らせします。

田中太郎

①リマインド言葉

何の用件をこれから伝えるのか、「……の件ですが」という表現で最初に伝える

②現在地

現在の状況を報告。「現在、……という状況です」など

③方向性

未来の予定を、最後に記載。「今後、……となる予定なので、……しようと思っています。また動きがあれば、お知らせします」など

テク17

冗長なメールは説明力がない証拠

冗長なメールだと仕事ができないと思われる！

経営者・管理職・営業マンなどには、一日何百通ものメールが来ることがあります。そのため、多忙な人は通常、1通のメール閲覧にそれほど時間をかけません。

読みとばされず、しっかり伝わるメールは件名と最初の数行がとても大事です。よくありがちなNGメールのパターンに、誰もが知っている経緯を説明して、大事な情報を最後に持ってくるというものがあります。本人はリマインドのつもりで、経緯を事細かに書いているのでしょうが、実際は優先順位をつけるのが苦手で、ダメな構成になっていることも。

また、改行を多用するのも避けたほうが良いでしょう。項目ごとに区切るなど適度な改行にしないと内容がわかりにくく、スクロールをする手間がかかるために読むのに時間がかかります。最初の数行で用件を記載するのは、ビジネスシーンにおいて当たり前のマナー。それができない人は、残念ながらその程度の人という見方をされてしまいます。

簡潔でわかりやすいメールの書き方

▼シンプルで伝わるメール

件名【相談】○○の件 Ⓐ

株式会社A社
○○○○様
マナー株式会社の佐藤太郎です。
お世話になっております。

来月納品予定の○○を今月中に納品したく思い、連絡いたしました。可否についてご返信を頂けましたら、幸いです。

■現状 Ⓑ
①□□□□□□□□□□□□□□ Ⓒ
②□□□□□□□□□□

■納品可能な場合 Ⓑ
①□□□□□□□□□□□□□ Ⓒ
②□□□□□□□□□□□□□□□□□□

■納品不可の場合 Ⓑ
□□□□□□□□□□□□□□□□□□□□
□□□□□□□□□となります

以上、ご判断のほど、
よろしくお願い申し上げます。

Ⓐ 件名で概要を示す

Ⓑ 各項目に見出しをつけて内容がわかるようにする

Ⓒ 内容を箇条書きにして簡潔に

▼NGなメールの構成

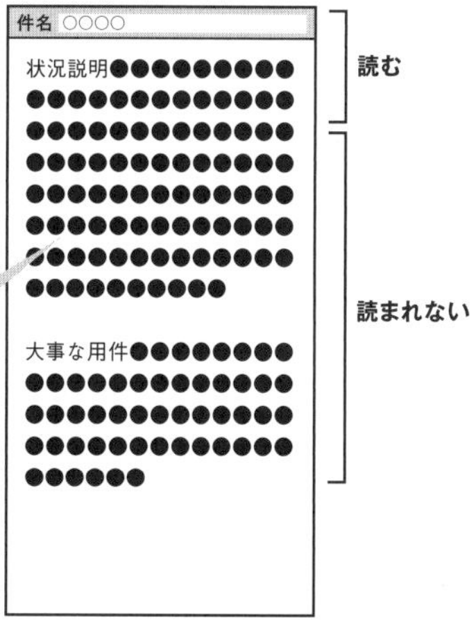

受け手は最初の数行しか読まない

大事な用件が最後だと読んでくれない!

テク18

誤解されない表現を習慣に

曖昧なメールはトラブルのもと

雑談はタイムリーなやり取りなので、「多分やれる」「きっと足りる」などの曖昧な表現も許容されますが、メールは調べる時間が十分あります。曖昧な表現は避けて、明確な表現を使いましょう。

曖昧な表現にしないためには、以下の３つが大事。①明快な表現……時間や金額を正しく伝達する。「金額」では税抜・税込、「日時」では午前・午後など。②混乱のない表記……左ページ「２」のように、２つ以上の意味がある表現にしないために、見直しが大事。③文末で念押し……繰り返し書くことで、複雑・重要な部分を強調できます。これらを守ると、相手と自分で情報を共有できますし、あとで見返すことのできる記録にもなります。送信側と受信側でもめると困るような重要な内容は、メールだと情報を残しておけるので、電話で確認したときに「念のためメールでもお知らせします」などの言い方で、送っておくとグッド。

使える！ 誤解されない表現方法

1.明快な表現

★断定する→OK「～は～です」　NG「～かもしれません」
★箇条書きする→1.○○○○　2.○○○○
★数値化する→OK「6月3日までにください」
NG「なるはやでください」

2.混乱しやすい表現は避ける

× 紛らわしい書き方

NG　利用料は半年間10万円で7カ月目から15万円

意味1　半年間10万円で7カ月目から半年間15万円
意味2　半年間月10万円で7カ月目から月15万円

2つ意味があるので
勘違いされるかも

○ 混乱しない書き方

OK　最初の半年間は月額利用料10万円で
7カ月目から月額利用料15万円

3.文末で念押し

文頭　打ち合わせの日時候補を、
3つほどお知らせください

文末　打ち合わせが可能な日時を、
3つほどお知らせください

2回書いて
念押し

テク19

感情過多なメールの毒抜き

深夜のメールは一晩寝かす

メールに感情を入れると、ビジネスでは弊害が多くなります。深夜のメールは、緊急時を除いて翌朝読み返して修正するのが一番。どうしても夜にメールを送らないといけないときには、手助け・お願い・相談など、感情が入りやすい文言をチェックしましょう。「できません」「無理」のようなネガティブな文面や、「助けが必要」「納期を遅らせてほしい」など相談やお願いの形は言い回しが重苦しくなっていないか、重点的に確認してください。

また、短くまとめるのも夜のメールのネガティブな感情を抜くのに最適です。200文字程度の簡潔な文字量で送付するように心がけると、必要事項だけ連絡することができます。そうすることで、感情が入り込む余地をなくすのです。ちなみに良い仕事ができて興奮しているときも念のため注意してください。あまりにもテンションが高いと、敬意が足りない文面になってしまいます。平常心でないときは、メールをできるだけ控えるのがベター。

深夜のメールは要注意

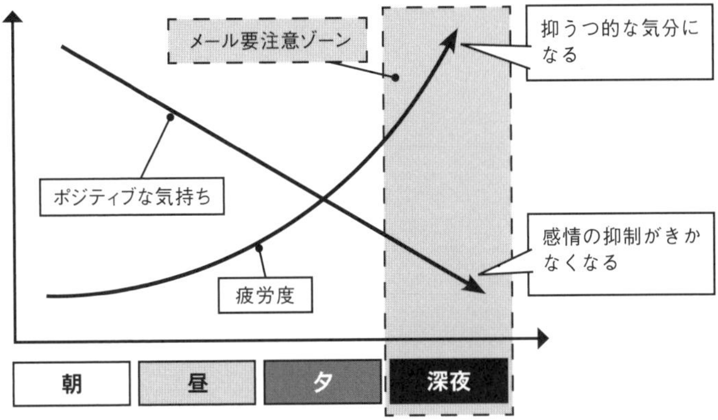
メール要注意ゾーン
抑うつ的な気分になる
ポジティブな気持ち
感情の抑制がきかなくなる
疲労度
朝
昼
夕
深夜

深夜メールのポイント

事実

指示のあった資料作成が完了しました

感情

仕事量が多くて辛いです　削除!

事実

明日、A社との打ち合わせのため13時出勤にします

深夜にメールを送る際は読み返して、感情を伝える文章があったら削除する

深夜に送らなくてもよければ、翌朝送信しよう

マンガでわかる!
かならず伝わる
説明の技術

第4章

信頼を獲得する会議の説明

祝100万個
昭和動物マウスレスト
第2弾来春発売予定!!!!
エメラルド・フォレスト
営業部オフィス
値を創造
春田くん
ちょっと
いい？

忙しところ申し訳ない！
ちょっと……
？
ズバーン
社長室
ガチャ
失礼します

ズウウウウウウウウン
ギーンッ
ビクゥ
サッ
幽霊をみたような反応しないでくれる？
すすみません！
これあなたが書いたものよね？
企画書
のオンライン販売
パサッ

はい先週課長に提出しました
アトリエ楡
伝説の家具職人集団世界中に熱狂的なファンがいる
しかしネットでの販売は行っていない
だからこそうちで取り扱いできたら面白いかな～って
そんなこと誰だって思いつくわ問題はその先よ
とにかくこの企画書の内容だと実現できるとは思えないわ
どうやって進めるつもりか次の社内会議でもっと具体的な作戦を教えて

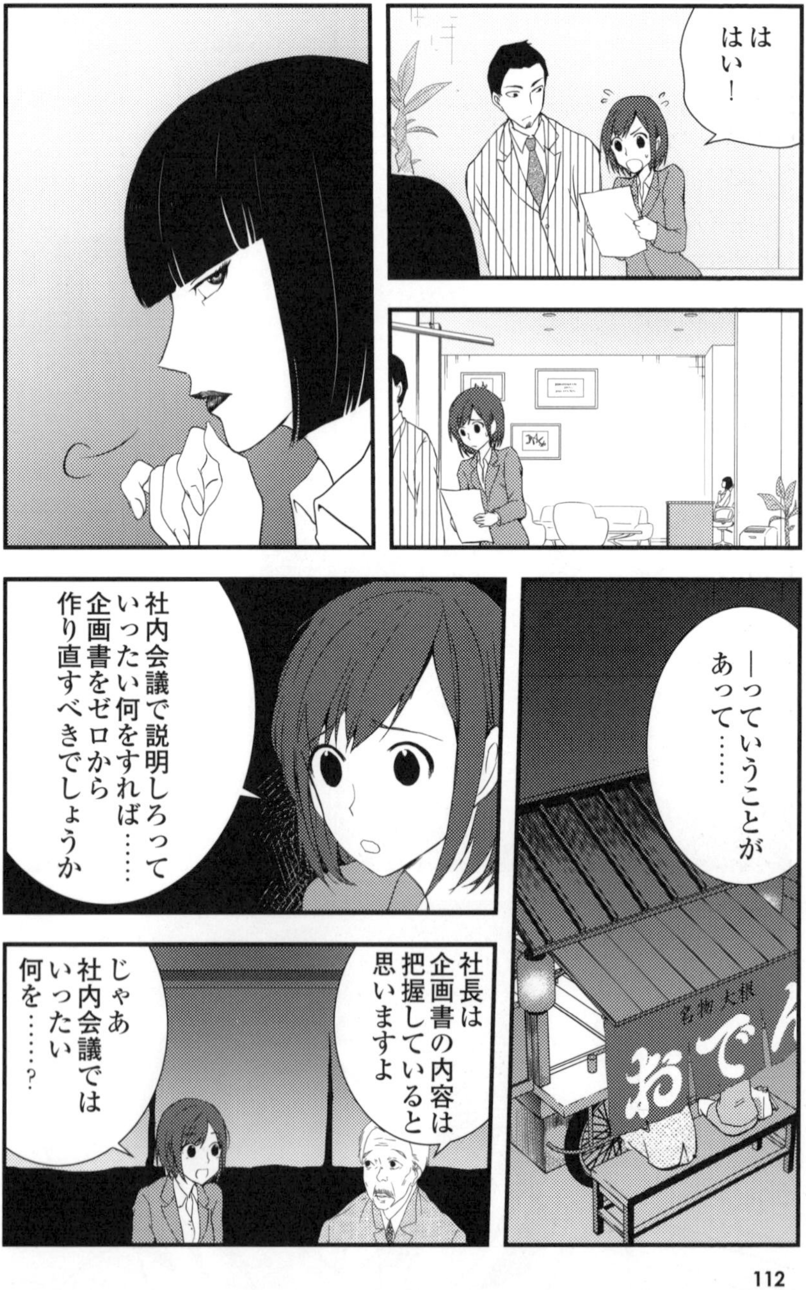

は　はい！
――っていうことがあって……
社内会議で説明しろって
いったい何をすれば……
企画書をゼロから
作り直すべきでしょうか
名物大根
おで
社長は
企画書の内容は
把握していると
思いますよ
じゃあ
社内会議では
いったい
何を……？

まずは企画書の精度をあげるため会議の議事録をイメージしてこの3つを提示できるようにしてください
会議は議事録を想定して準備する
①決めるべきこと議題
何をクリアしなければならないのか
社長のOKをもらう
②実際に決まったこと結論
誰が行うのか、責任の所在を明らかにしておく
夏海が行う
③今後の宿題課題
会議の位置づけを明確にして、次のステップを想定しておく
ネット販売をしていない理由を探る
企画書は良くなっても今回の会議の相手は……
ガタッ
実質 落とすのは社長ひとり説明力を用いて彼女を説得するだけで勝ちですよ
ひとりって言ってもそれが最強の社長じゃあ自信ないですよ～
ビュオオオ
そんなに落ち込まない
相手も同じ人間攻略ポイントは必ず見つかりますよ

まずは
必ず聞かれる質問の
答えを用意
しましょう
必ず聞かれる？
そんなこと
わかるわけ……
いいえ
わかるように
なりますよ
それに
質問を予想すると
説明のポイントも
わかります

あらかじめ質問を予測しておくと説明の完成度が上がる

聞かれやすい質問

事実はどうだ？
なぜそうなった？
連絡したか？
他の関係者は何と？
現在の状況は？

聞かれることの8割は予測できる

質問	答え
事実はどうだ？	Aが起きました
連絡したか？	B時にCさんに伝えました
現在の状況は？	Dという状況です
なぜそうなった？	原因はEです
他の関係者は何と？	FさんはGと言っています

重要な情報は
質問される前に説明に組み込む

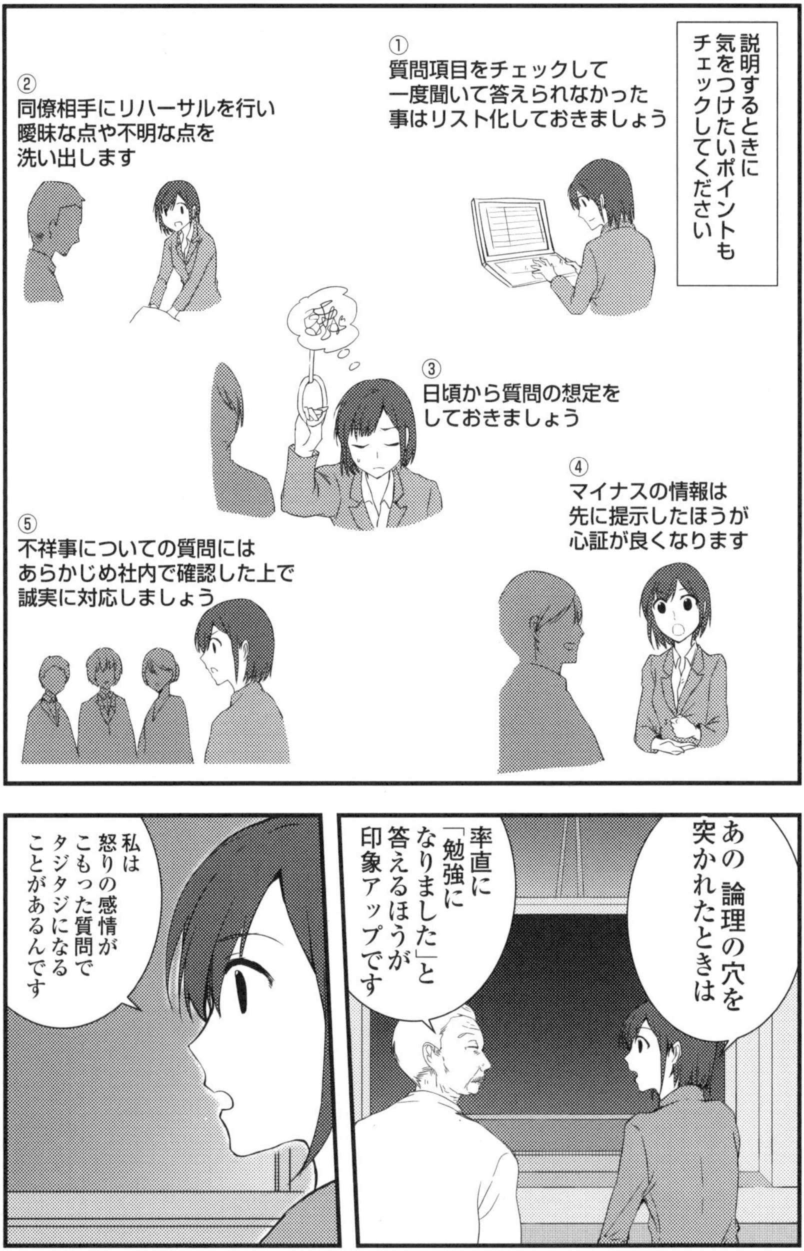
説明するときに気をつけたいポイントもチェックしてください
①質問項目をチェックして一度聞いて答えられなかった事はリスト化しておきましょう
②同僚相手にリハーサルを行い曖昧な点や不明な点を洗い出します
③日頃から質問の想定をしておきましょう
④マイナスの情報は先に提示したほうが心証が良くなります
⑤不祥事についての質問にはあらかじめ社内で確認した上で誠実に対応しましょう
あの 論理の穴を突かれたときは
率直に「勉強になりました」と答えるほうが印象アップです
私は怒りのこもった質問でタジタジになることがあるんです

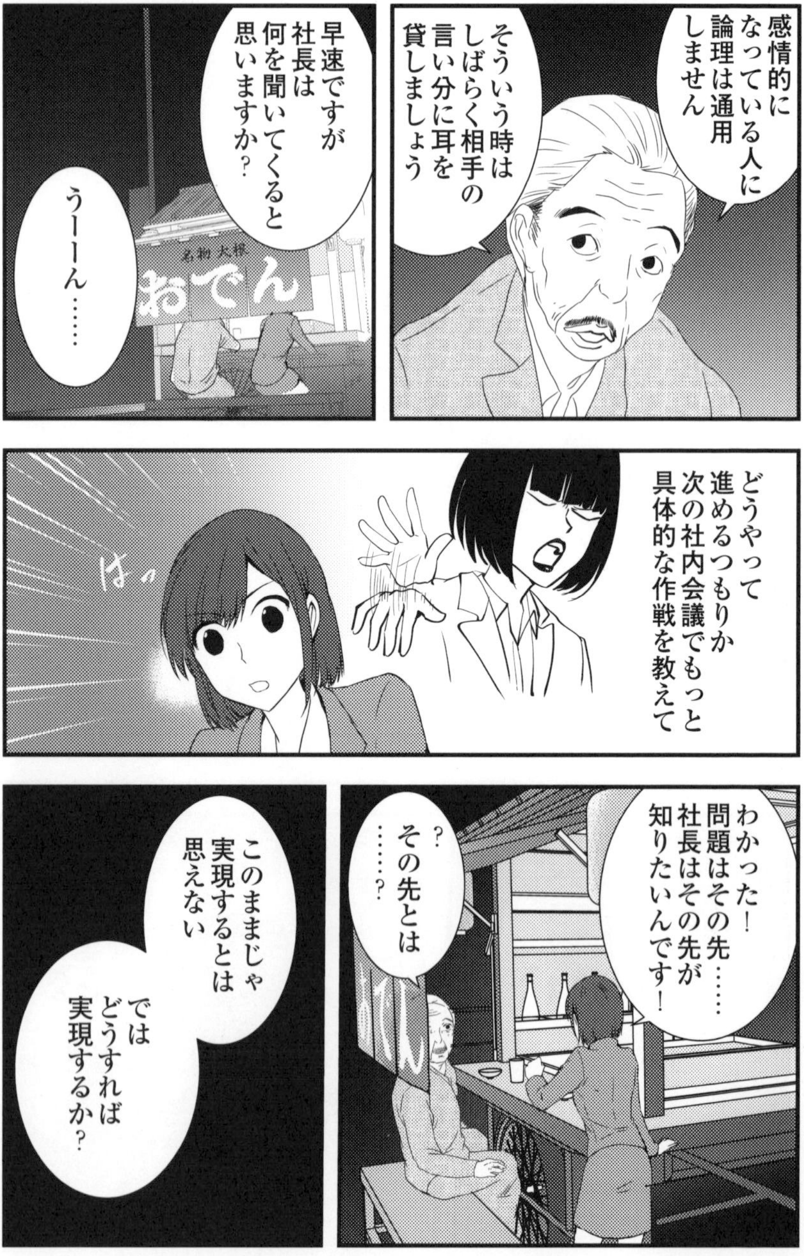
感情的になっている人に論理は通用しません
そういう時はしばらく相手の言い分に耳を貸しましょう
早速ですが社長は何を聞いてくると思いますか？
うーーん……
名物大根
おでん
どうやって進めるつもりか次の社内会議でもっと具体的な作戦を教えて
はっ
わかった！問題はその先……社長はその先が知りたいんです！
？その先とは……？
このままじゃ実現するとは思えない
ではどうすれば実現するか？

今の今までネット販売を許可しなかった会社にどうやってネット販売の決断をさせるか！
いい線ついてますよ
でも……社長にちゃんと説明できる自信がなくって……
確かに信頼性のない人は話を聞いてもらえません
信頼性がないと出てくる情報もウソっぽく思われます
ポイント1
感情をおさえて話す
人は心理的にぶつけられた感情には同じ感情で押し返そうとする「返報性ルール」があるのでおさえましょう

怒りなどの
ネガティブな感情が
よくないのは誰でも
わかりますが
ポジティブな感情も
「はしゃぐ」と論理が
壊れることが多いため
同じく控えましょう
あわわ
信頼度を
損なうNG説明
経営が危ないのかな
仕事が雑なんだろう
あんまり付き合い
たくないな……
○○さんだけが頼りなんです
といった懇願もその場では
OKを得ることができても
以後相手から疎んじられて
しまう傾向がありますから
注意しましょうね
ポイントは2つ
はっきりと
語尾を
発声すること
語尾？

日本語では文末で肯定文か否定文かが決まりますその部分がちゃんと聞こえないと聞き手のストレスとなり拒絶されます
ボソッ
申し訳ないのですが新企画書は明後日の提出としてよろしいでしょうか
なにいってんのよ
語尾がぼやけると自信なさそうに見られるのでそれだけで説明力が落ちるのです
なるほど！
ポイント2は数字やデータについては正確に話すことです
間違えたりはしょったりするといい加減な印象を与えてしまい説明そのものもいい加減なものと判断されます
数字を使うなら厳密に曖昧に使うくらいならいっそのこと数字は使わないことです

道案内というのは
説明のエッセンスが
詰まっています
極めれば説明力が
格段に上がりますよ
はい
やって
みます！
まず
最初に全体像を
イメージしてもらう
すみません
この山にある
ホテルに行きたいのですが
どうやったら行けますか
わかりにくい道
だったらそう伝える
ああ
「山の頂上ホテル」へ
行きたいんですね！
あそこはわかりにくい
道ですよ
聞き手は
心構えができます
ちょっと難しいから
しっかりと聞いてください
山頂にあって
道がわかり
にくいのか

所要時間を伝える
だいたいここから歩いて5分ですね
何分かかるか伝えればイメージしやすくなりますまたそれ以上かかると「迷った」とすぐに判断できます
5分だと近いし簡単10分以上かかったら危険だから引き返した方がいいかも
全体像→ディテール（細部）の順に説明する
ディテールから始めるとわかりにくくなります先に「全体的に上り坂です」とおおまかな特徴を伝えると聞き手は安心します
✕
♪
緩やかな上り坂ですが切り立った崖もあるので注意してください
なるほど頂上まであって5分　途中で崖もあるのか

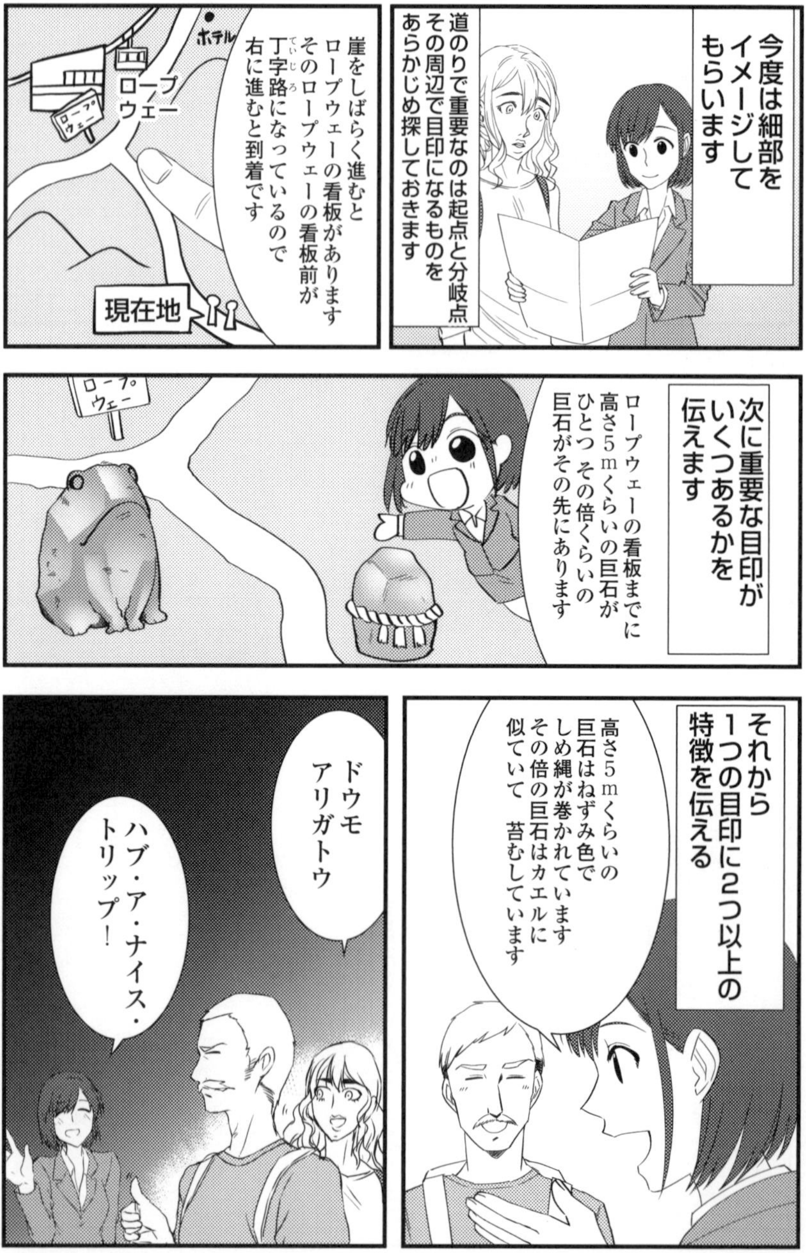
今度は細部をイメージしてもらいます
道のりで重要なのは起点と分岐点 その周辺で目印になるものをあらかじめ探しておきます
ホテル
ロープウェー
ロープウェー
現在地
崖をしばらく進むと ロープウェーの看板があります そのロープウェーの看板前が 丁字路《ていじろ》になっているので 右に進むと到着です
次に重要な目印がいくつあるかを伝えます
ロープウェー
ロープウェーの看板までに 高さ5mくらいの巨石が ひとつ その倍くらいの 巨石がその先にあります
それから1つの目印に2つ以上の特徴を伝える
高さ5mくらいの 巨石はねずみ色で しめ縄が巻かれています その倍の巨石はカエルに 似ていて 苔むしています
ドウモ アリガトウ
ハブ・ア・ナイス・トリップ!

ドドーン
……私の説明は以上です

……春田さん
はっ はい！
ドキッ
あなたの企画進めてみて
ホントですか!?
——ただし

相手は一筋縄ではいかないわ
心してかかりなさい
はいっ！

こうして
プロジェクトは
スタートしました
このときの私は
浮かれるばかりで
困難が待ち受けているなんて
思いもしませんでした
祝100万個
昭和動物マウスレスト
来春発売予定!!!!

説明
実践 4

会議がはじまる前から本気で説明の準備をするのが良い会議を行う秘訣

体験談や物語を交えた面白い説明を得意とする人がいます。そんな説明は「あー面白かった」と、記憶に残るかもしれませんが、それだけで良い説明だとは断言できません。何度もくり返しますが、仕事における説明で大事なのは、相手を納得させて動かすこと。漫談や講演会のような楽しい話であっても、人を動かすことで、会社・組織・業界・社会を動かせないといい説明にはなりません。

会議の質は準備が8割です。開始前にどういう順序で説明するかシナリオを立てていないと、重要事項の報告・今後の方針といった肝心なゴールまでたどり着けません。また、全部が全部ではありませんが、会議は次につなげる課題・宿題をはっきりさせないと、やる意味のない会議になってしまいます。それから、議事録はみんなの発言を記録するだけの役割では、もったいないです。本章で、良い会議を行う方法を学んでください。

テク20

会議の質を高めよう

実りの多い会議の進め方

会議の進行では、まず「決めるべきこと（結論）」を提示して、会議の全体の流れを説明しましょう。新HP作成というプロジェクトの会議であれば、「ターゲット層」「開発スケジュール」「予算」などが「決めるべきこと」の一例です。まず「決めるべきこと」を説明することで、全員に趣旨を伝えられるので、議論が白熱して時間不足という事態を防げます。

「決めるべきこと」の提示とあわせて冒頭で行いたいのが、「宿題報告」。プログラマーなら作成中のプログラム（宿題）がスケジュール上、順調なのか、緊急事態なのかを専門外の人でもわかるように報告する必要があります。「決めるべきこと」は現在の状況整理という役割を持ちますが、「新しい宿題」で未来も確認しましょう。これは、各々がこれからどう動くかを、具体的に決めるということです。たとえば、「予算が足りないからアルバイトの人数を減らしたい。次の会議で影響を報告して」のような形になります。

理想的な会議の進行

1 冒頭で議題と進行を説明

議論するテーマ、宿題報告や課題、話す順番などを最初に説明

2 結論を出す

曖昧に終わらせるのではなく、現状の方向性や反省点など結論を出す

3 新しい宿題

結論を出したら、今後に向けて各自がどんな作業をするか宿題を提示

プロジェクトをスムーズにする有意義な会議

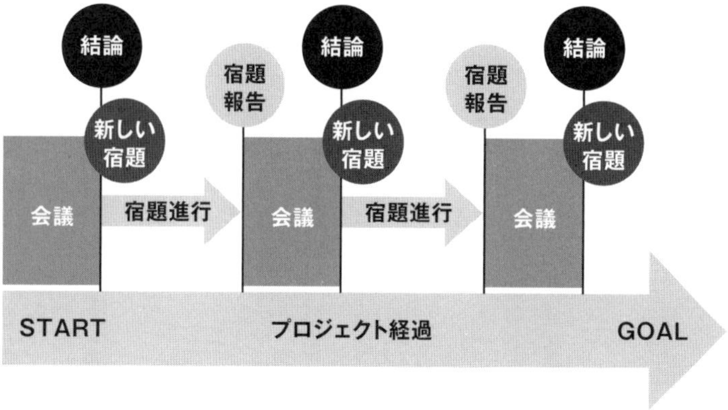

会議ごとに、各自が「宿題」をクリアしているかと今後進むべき方向という「結論」「新しい宿題」をしっかり導き出そう

テク21

説明前には質問を想定

上司の傾向をチェック！

説明をする前に質問を想定しておくメリットは2つあります。ひとつは、質問される可能性が高いことを先に伝えると、時間の短縮になります。もうひとつは、答えるのが難しい質問でも、あらかじめ想定しておけば、納得してもらえる答えを用意できる点です。たとえば完成未定の工事の進行管理が担当とします。未定ではあるものの、「いつ完成するの？」という質問を想定できれば「材料不足（理由）により今日現在は未定です」と、未定の理由を用意するだけです。質問を想定するには、質問してくる相手の質問傾向を調べると良いでしょう。前回、答えられなかった質問があれば、それを思い出すのも効果的。また、同僚に説明のリハーサルをしてみることで、自分では気付けない曖昧な点や不明箇所を見つけることも効果的。そして大事なのは、質問されたら隠さず、自分から先に痛い急所を提示するということです。自分から言うことで、相手の心証がかなり変わってきます。

もし想定外の質問が来たら

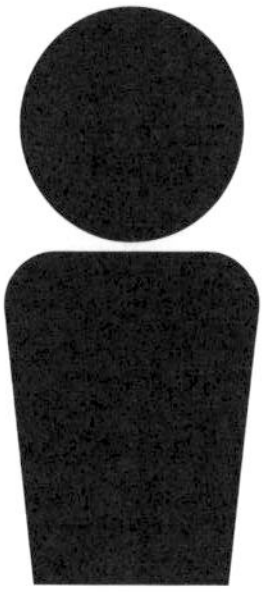

想定外の質問

糖質制限ってやせるのかい?

知っていることから話して結論に向かう

①結論ではないことから伝える

最近、巷《ちまた》で人気ですね

②具体例をいくつか挙げる

CMでお馴染みの有名ジムではトレーニングだけでなく、糖質制限の食事も指導しているようです

女性モデルやスポーツ選手も取り入れているようですね

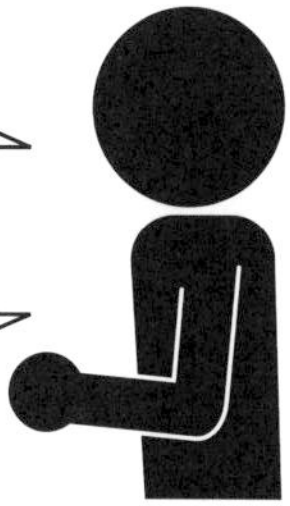

③具体例の共通点から結論を見つける

会員が多い有名ジムだけでなく、モデルやスポーツ選手も取り入れているので、やり方を間違えなければ一定の効果は期待できるのではないでしょうか

テク22

信頼をゲットする秘訣

相手をよく見る習慣を

上司と信頼関係をきずけなくて困っていませんか。実は「信頼されている人」が無意識にやっていることがあります。それは、自分の予定だけでなく、上司の予定もチェックするということです。上司の動きを把握できていると、口頭での説明で「今日はこのタイミングしかないと思ったので、お忙しいところ申し訳ございませんが、1分だけでもお時間をいただけませんか」と上司が喜ぶ言い方ができます。すると「自分の状況をここまで理解してくれているのか」と信頼関係が芽生えるきっかけになります。「信頼される人」「信頼されない人」の決定的な差は、相手の行動を見ているか、見ていないかです。

上司に限らず、他部署、社外の人も同様で、信頼を勝ち取りたければ、相手の行動・言動など一挙手一投足を見過ごさないようにし、その上で自分のお願いを伝えることです。単純ですが、信頼関係を生むきっかけになります。

上司の信頼を獲得する裏ワザ

1.上司の予定をチェック

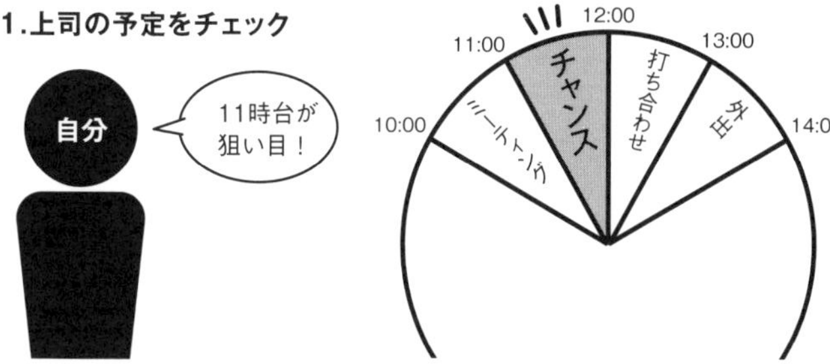

2.気配りの言葉で話す

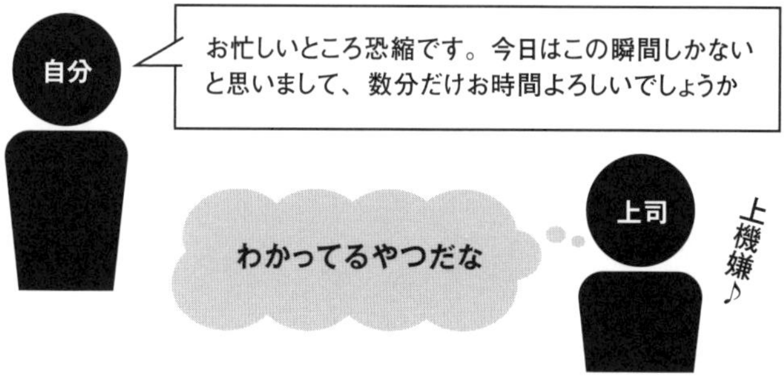

コツ

信頼されたい相手の行動をチェック

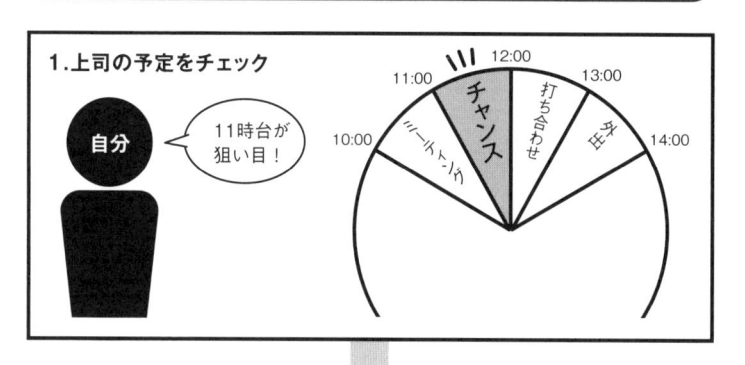

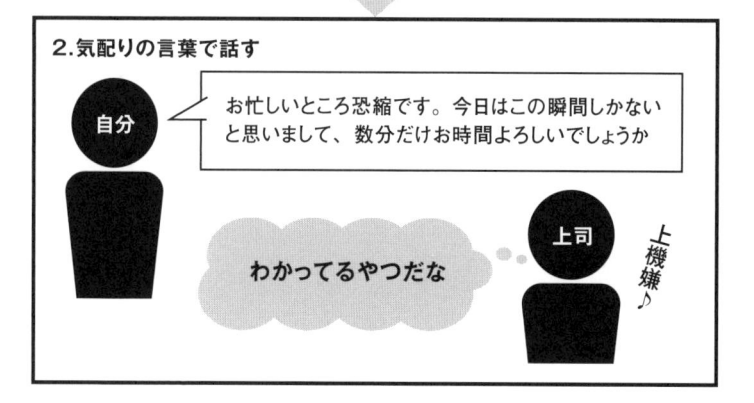

テク23

信頼は会う前の準備で獲得

相手に伝える関心の気持ち

信頼を獲得したい相手がいたら、会う前にその人の仕事の功績・出身・学歴・趣味といった基本情報を調べましょう。はじめて会った人に、「私もよく釣りをするんです」「前にＡ社の、○○という仕事を手がけていらっしゃいましたよね。感銘を受けました」などと言われれば、「そこまで準備してきたんだ」と、いい印象を持ってくれます。

ではどうやって準備をすればいいのか。①資料②ＨＰ③相手の会社・事務所の地図④電車の乗り換え方法と、このあたりは普通の人は初対面の相手と会う前に準備することでしょう。これに加えて、名前検索とＳＮＳのチェックも行えば、より相手のことを知ることができます。準備は時間にして数分の違いですが、この数分が初対面の印象をまったく違うものにし、説明時間の短縮と好印象の状態から仕事に入ることができます。逆に準備を怠れば、相手から「なんで連絡してきたの？」と信頼されず、仕事そのものの頓挫にもなりかねません。

初対面の人の信頼を得る準備

①資料

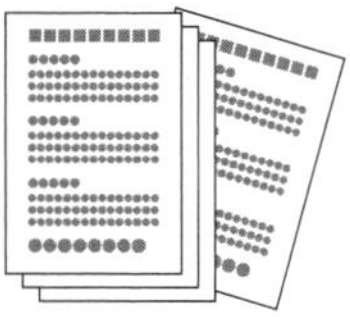

すでに届いている資料は、相手も読んでくれているものと思うため、しっかりチェック

②HP

相手先の企業HP・プロジェクト特集ページを確認しておくと、知っているものとして振る舞える

③相手のブログ・SNS

趣味や家族などの話もできると、相手の信頼がUPする

④電車の乗り換え方法

遅刻は論外。電車の乗り換え方法や移動時間は必ず出発前に確認しよう

⑤会う場所の周辺地図

馴染みの場所でも目的地周辺で迷うこともあるので、事前に調べておくこと

⑥名前でネット検索

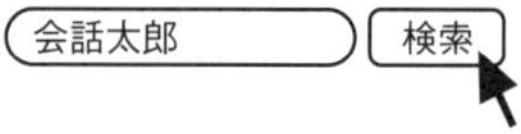

論文・受賞記録・経歴などがわかることもあるので、一応確認しておこう

テク24

最初にお願いする数を伝える

うまいお願いは冒頭の言葉で工夫する！

いつも話が長いと、「面倒な人」「要約の能力が足りない人」と思われて、信頼されにくいものです。ひとつのプロジェクトの説明でも、「設備を導入してほしい」「人員が必要」「納期を変更してほしい」など、ひとりがたくさんのお願いを一気に話し始めると、担当者からは「予算や人員に限りはあるから……」と消極的な答えしか引き出せないはず。どんな仕事にも人員と予算を決定できる担当者がいると思います。お願いや相談がいくつもあり、整理せずに説明すると、複雑にからみあってしまって、担当者が対策を立てられないのです。

このような説明をしなければならないときには、お願いの数を先に伝えましょう。「○○のプロジェクトの件なのですが、3つほどよろしいでしょうか」と最初に話すことで、聞き手は説明の数を承諾します。このひと言があれば、無駄に長いとは思わないですし、「全部聞いてから問題解決の方法を考えよう」と包括的にお願いへの対応策を考えられます。

お願いは4ステップで行う

NG　お願いを次々に話す

明日休んでも
いいですか？
Aさんに例の
案件を任せた
いです
早退しても
いいですか？
そんなに
たくさん
ムリだ！

4ステップのお願い

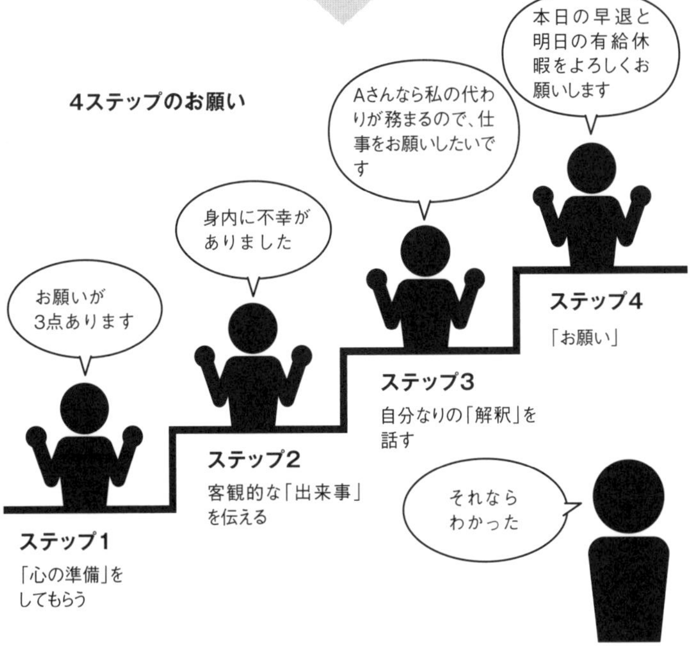
お願いが
3点あります
身内に不幸が
ありました
Aさんなら私の代わりが務まるので、仕事をお願いしたいです
本日の早退と
明日の有給休暇をよろしくお願いします
ステップ1
「心の準備」を
してもらう
ステップ2
客観的な「出来事」
を伝える
ステップ3
自分なりの「解釈」を
話す
ステップ4
「お願い」
それなら
わかった

テク25

面白くても裏話は危険

場は盛り上がるが逆効果！

「A社の○○部長は不倫しているようですよ」「社外秘なのですが、A社は事業縮小のためリストラを予定しています」など、人や企業の裏話は面白がられます。「こんな裏事情まで知っているとは」と、事情通として重宝されるかもしれませんが、言って良いこととわるいことの判断がつかない、情報管理能力の足りない半人前と判断されて、大事な仕事は任されない可能性も。良否ともにありますが、普通の会社員であれば、言ってはいけない内容にはあまり触れないほうがいいでしょう。

言ってはいけないことは、裏話だけではありません。①調べればわかる質問②交渉事の独断の譲歩③間違いの指摘、の3つにも注意。③はほぼすべてにおいて、共通していますが、①と②は、会社や業界によって異なります。経験によって身につけられるのですが、言っていいかわるいかがわからないうちは、上司や同行者に委ねましょう。

言ってはいけない会話の地雷

地雷 1
調べればわかること
相手のＨＰや、配布済みの資料に書いてあることを質問したら、「リサーチもしない失礼な人」と判断される。しかし知っていて当然だという具合に何気なく話せば、信頼される

地雷 2
交渉事の譲歩
商談において納期や値引きを独断で行ってしまうと、相手から好意的な反応を獲得するかもしれないが、会社からは「何でもありのずるい人間」と、評価ダウンの原因になりかねない

地雷 3
間違いの指摘
正論であっても、不用意に相手の間違いを指摘しないこと。納期や金額など間違ってはいけないことは仕方ないが、言い方には注意

無難な避け方

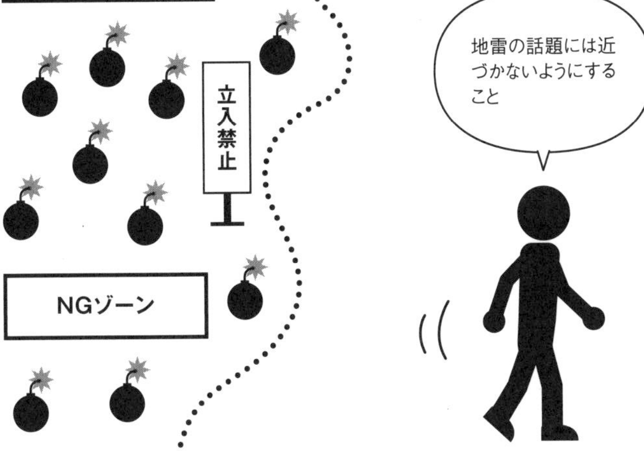
立入禁止
NGゾーン
地雷の話題には近づかないようにすること

テク26

自己開示で信頼度グングン上昇

親近感を獲得する身の上話

自分と相手の接点が多ければ多いほど、相手に「親近感」を与え、信頼につながりやすくなります。ビジネスパートナーとは通常、何度も仕事を重ねることで接点を増やし、信頼をきずいていくので、仕事の機会を今後増やしたいと思う初対面の相手とは、意識して接点を増やしましょう。やり方はカンタン。身の上話を入れるだけです。たとえば冷凍食品を扱う企業と仕事をするとします。自分が好きな冷凍食品と、それを彼女とどれだけ食べているのかを、さりげなく打ち合わせや雑談で盛り込むとどうでしょう。ムダな情報のようですが、①自分は冷凍食品に興味があって愛用している②彼女がいて、男女の冷凍食品の好みを多少知っている。つまり「冷凍食品」「彼女」という接点を自己開示し、①と②を暗示できるのです。

この話をすれば、「冷凍食品のカップルの人」と、自分のことをしっかり覚えてもらえるきっかけになります。

覚えられたいなら思いきって自己開示

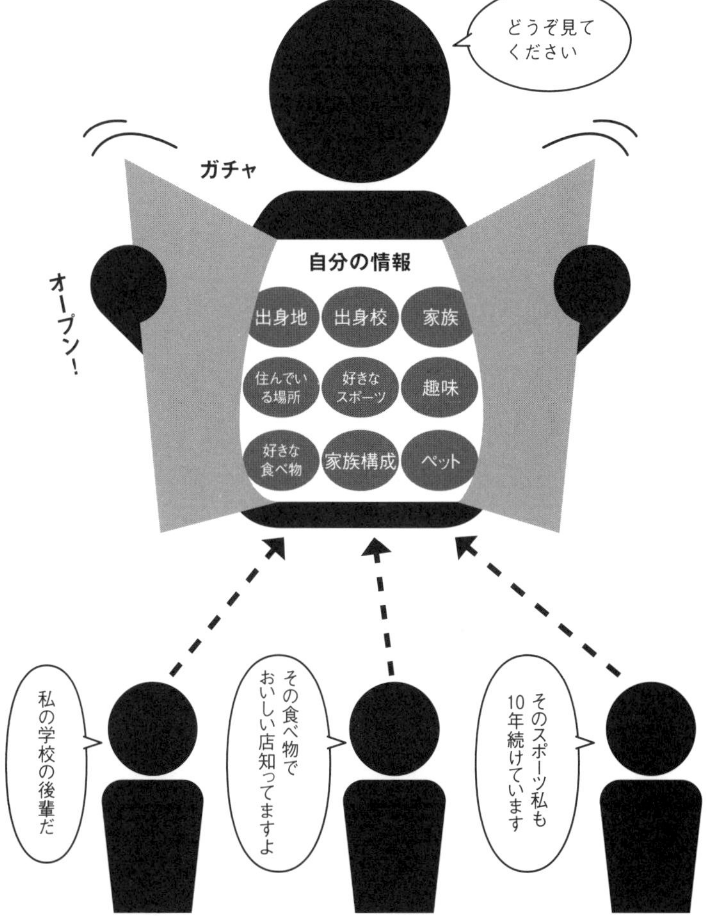

接点があれば相手の記憶に残りやすい

テク27

頭の良い人ほど「逆接」は少ない

なるべく使わないようにしたい言葉

逆接の言葉「でも」や「けど」は、説明下手が多用するネガティブなワードです。「でも」や「けど」を多用してしまう原因は、口グセではなく、考え方のクセにあります。ネガティブ思考が逆接という形になって言葉に表れるのです。

「でも」「けど」を使った説明は、そんなつもりでなくとも「やれない言い訳」っぽく聞こえるもの。なので同じ出来事を説明するのなら、「こうすれば」「すると」「それでは」など、順接で「こうすればできる」「それではこうしたい」としましょう。順接を使うと、できるための代案を提示するという着地点に至りやすくなります。やる気を見せて上司や取引先に信頼されたいときは、順接でポジティブな説明を意識しましょう。

「まぁ」も人に嫌がられる曖昧な言葉。「まぁ、そんな感じ」「まぁ、いいと思います」など、言わないほうがましです。これも良くない考え方の表れです。

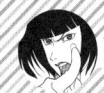

ポジティブに見られたいなら「でも」「けど」は控える

NG ネガティブな言い方

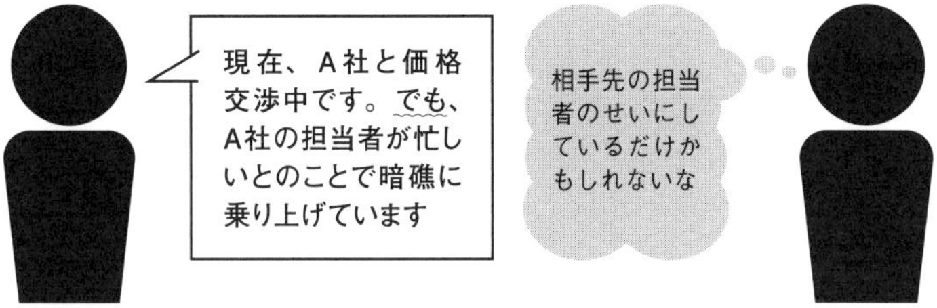
現在、A社と価格交渉中です。でも、A社の担当者が忙しいとのことで暗礁に乗り上げています
相手先の担当者のせいにしているだけかもしれないな

Good ポジティブな言い方

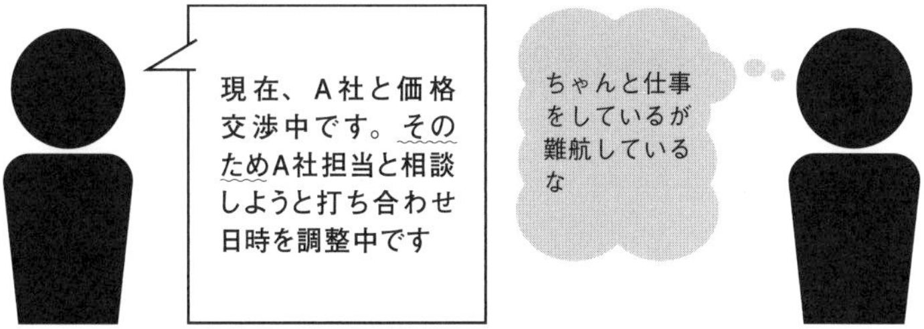
現在、A社と価格交渉中です。そのためA社担当と相談しようと打ち合わせ日時を調整中です
ちゃんと仕事をしているが難航しているな

ポジティブな「でも」「けど」の使い方

「若者のＴＶ離れが加速している」 **でも**

「ネット動画配信サービスは、驚異的なスピードで市場を拡大している」

“予想外のつなげかた”“意志を強調”する場合は、「でも」を使うことでポジティブな印象になる

マンガでわかる!
かならず伝わる
説明の技術

第5章

相手を動かすスゴ技説明

さっそく私たちは
アトリエ楡側を口説き
落とすための作戦を
開始した
名物大根
おでん
それで
アトリエ楡とは
連絡がついたの
ですか？
それがですね……
私　株式会社
エメラルド・
フォレスト営業
企画部の春田夏海と
申します
私どもは
ネット販売を
している企業でして
御社商品を取り扱わせて
いただけないでしょうか
うちはネットでの
販売は考えていません

それでは
まっ待ってください！
一度お会いして説明させていただけないでしょうか
無駄だと思いますよ社長がうんと言わないでしょうしそれでは
えっ!?もしもし！もしもし！
というやりとりがあったんです
相手は職人気質で説明がかなり困難で
この企画やっぱり無謀だったのかな……

そんな簡単に諦めるんですか？まだ先方に会ってもいないでしょ？
本気であることをアピールするためにも直接足を運んだほうがいいですよ
石田さんならきっとそう言うだろうなあと思いましてその後 すぐ電話をかけ直したんです
先方の担当者に直接お会いしてなぜお取り扱いをお願いしたいかを説明したいって
「構わないですけど遠いですよ」と言われました
遠いと言いますと？

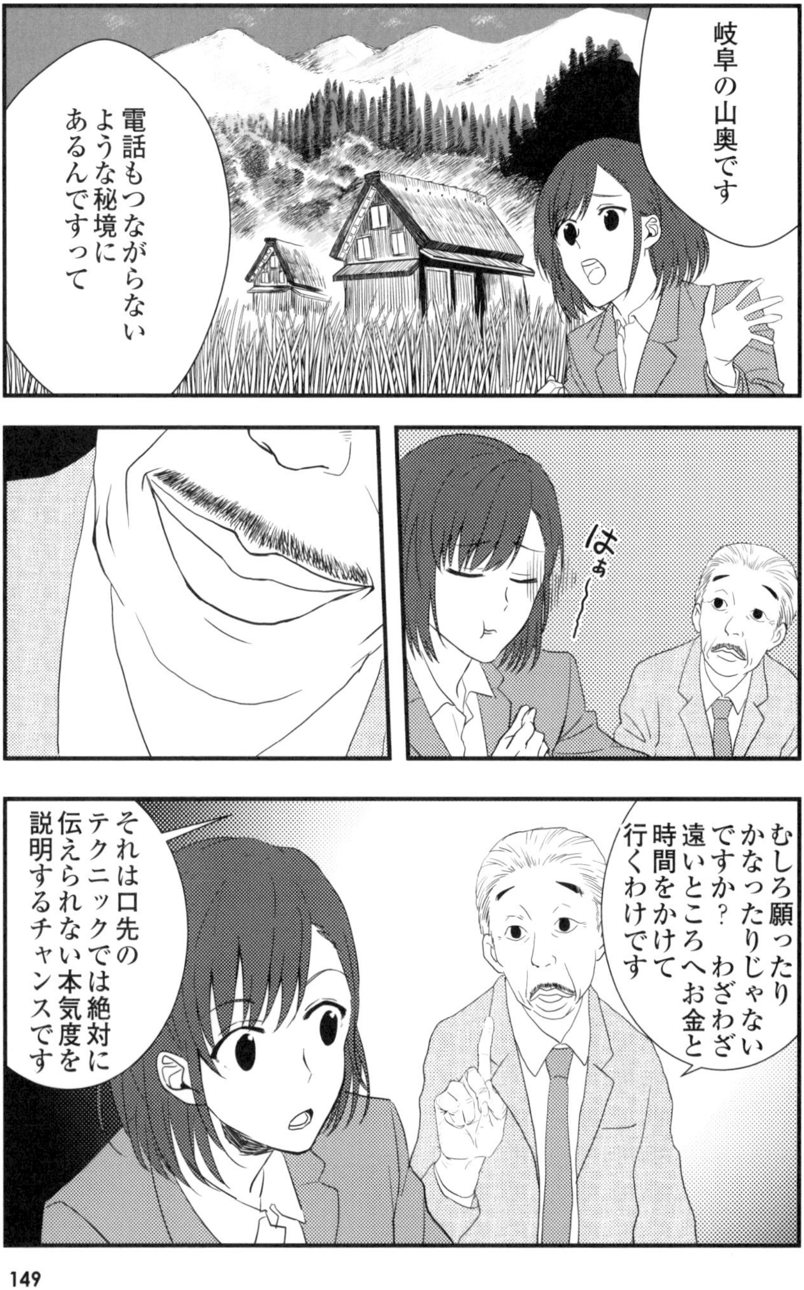
岐阜の山奥です
電話もつながらないような秘境にあるんですって
はぁ〜〜
むしろ願ったりかなったりじゃないですか？　わざわざ遠いところへお金と時間をかけて行くわけです
それは口先のテクニックでは絶対に伝えられない本気度を説明するチャンスです

足を運び
直接アプローチする
なるほど
「本気」「一生懸命」も
実は以下のことで
カンタンに説明できて
しまうのです
カンタンお手軽本気度説明術
1時間前に出社
定時に出社
説得力のある人
普通の人
売切続出で入手困難な
お菓子の手土産
どこでも買える
お菓子の手土産
限定
売店
わかりました
すぐに
行ってきます
では春田さんは
担当者に
会って何を
伝えますか？
あっ

気持ちは熱意だけじゃなくて説明で伝えられるという話につながる……!?
人というのは本気になって一生懸命取り組む姿を見るのが好きなんです
つまり本気さえ伝われば相手に好感を持たれます
そう言えば本気がビシビシ伝わるテレビ番組あったなあ……
成功している人ほど自分も多くの人に助けられて育ててもらったと考え
その感謝の気持ちからがんばる若い人に「協力しよう」「応援しよう」という気持ちになるという話をよく聞きます
ただ本気かどうかを判断するのは自分ではなく相手です
「人がやらない工夫」「人ができない工夫」で他人との「違い」を見せる必要があります

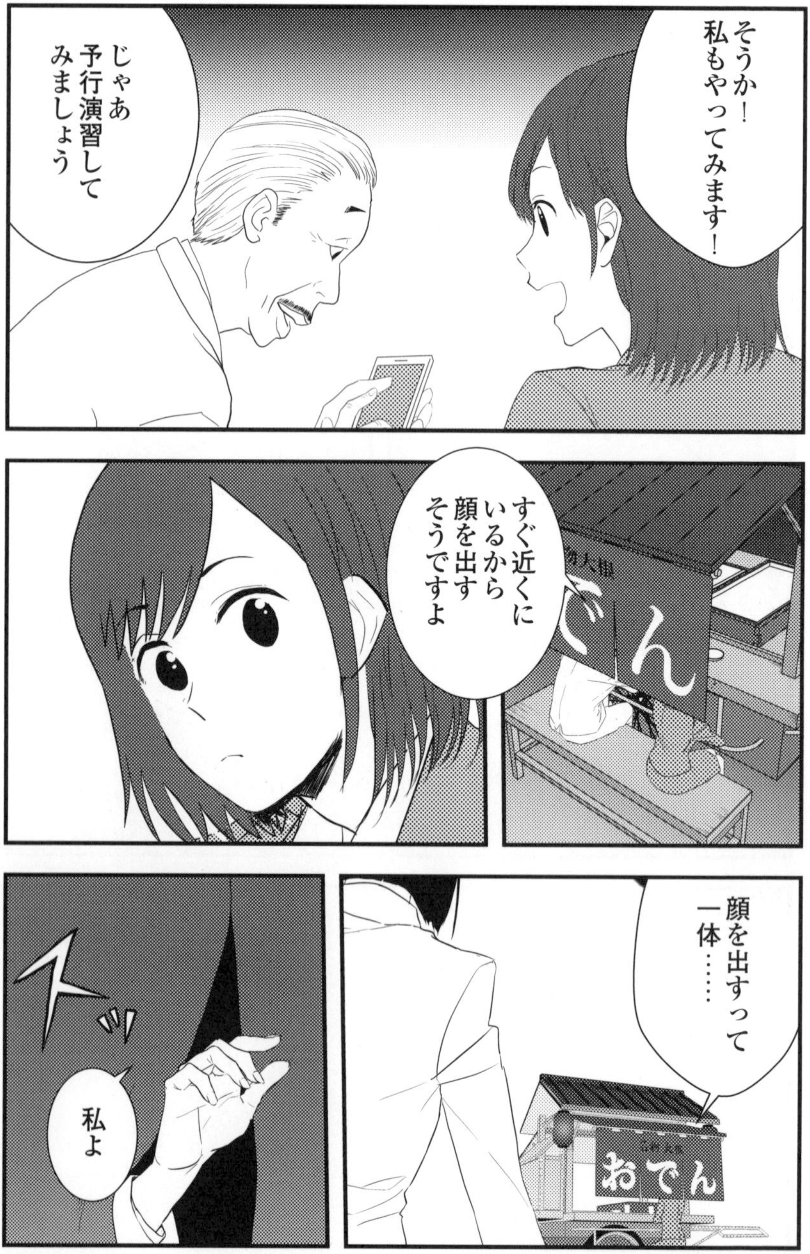
そうか！
私もやってみます！
じゃあ
予行演習して
みましょう
すぐ近くに
いるから
顔を出す
そうですよ
顔を出すって
一体……
おでん
私よ

ぎえええ
社長!?
どうして社長が……
あわわ…

社長とは映画好き同士　昔から仲が良かったんですよ
映画の話をしててヘッドハンティングされまして
そうだったんですね…
速いのあるよ
SPEED
たぶんあなたの想像通りじゃないと思うけど
さあ言ってごらんなさい
どんなふうにしてアトリエ楡の社長を口説くつもり
ガチガチ
えっとそれは……

社長
あの話 春田さんにしてもいいですよね？
……構わないわ
アトリエ楡を口説こうとしたのは春田さんが最初じゃないんです
学生起業家として今の会社の前身を立ち上げて最初にやろうとしたのがアトリエ楡の家具のネット販売なの
へぇ……
当時大学生だったわ
まぁ見事撃沈してそれで私は
今のままではダメだと気づいたの

それで当時
数々の有名経営者から
絶賛されていた
「伝説の説明キング」こと
石田さんを頼ったの
え……
隠す
つもりは
ありません
でした
ただ 自慢は
あまり好きじゃ
ないので
昔の冬香さんは
あなたそっくりで
気持ちが先行して
周囲を置いてけぼり
しかし
私が培った説明力を
教えたら
才能が花開いたんですよ

春田さん
ダメもとで
チャレンジ
してきなさい
失敗から
学ぶことも
あるわ
私がそうだったん
だから
返事！
パンッ
……
はいっ！
こらぁ〜
あらしの酒が
飲めらいのかあ⁉
いただきます！
名物 大根
おでん

やっと着いた……
東京から電車を乗り継いで5時間それにバスで3時間
よし気合を入れて……
ニヤ
アトリエ楡
専用作業部屋

あぁ
エメラルドの……
私が社長の楡だ
春田です！
よろしく
おねがいします
あまり時間が
ないんだ
手短に頼む
相手が社長でも
ここで負けちゃ
いけない！
………

説明は以上です
ああの弊社はネットでは業界一二を争う…
お嬢さんゴタクは抜きにして話そう
うちのどこがアンタの目にとまったんだい？
……
それは……

だってこんなに素敵な家具ですものみんなに教えたいじゃないですか！
記事で読んでアトリエ楡を知ったんですいつかお金をためてこんな家具を欲しいなって思ってます
あんた変わった人だな
えっ⁉
こんな山奥まで来て通り一遍の説明をしてニコニコ笑っていられるなんて
ガタッ
え……えーと……

殺し文句みたいなものでまるめこみに来たのかと思ったよ
そういうやつは過去にも何人かいたお引き取り願ったけどね
こちらには不利な契約を結ばせてこき使おうってハラの連中さ
だけどアンタの笑顔からはそんな連中にはマネできない本気が見えた
職人には私から話しておく
え……じゃあ……
すまんが私だけの問題じゃないんでね……
しかし……まあ……

これから
よろしく頼むよ
はい！
昨晩
ダメもとで
チャレンジ
してきなさい
でもまだ私には
社長のように
ロジカルな
説明は……
あなたには
あなたの武器が
あるでしょう
たしかに
理論的な説明は
社長がはるかに
お上手です
ですが
熱意とやる気は
理屈だけでは説明
しきれません
……

あなたの存在感のある笑顔がきっと武器になるはずです
笑顔が私の武器かぁ〜！
ブロロロ‥
土日
2時間後!?
まっ まってえええええ！
こうしてアトリエ楡の社長の楡徹三さんの理解を得る事ができました
しかし私の説明はこだわりの強い職人たちには届いていなかったのです

説明
実践⑤

相手の心にビシビシ届く！自分の本気を説明するテクニック

たとえ合理的で、理路整然とした説明ができても、「お願いします」に気持ちがこもっていないと「よし、じゃあいいよ」となりにくいものです。なぜなら人間は感情のある生き物。強引に言いくるめたり、論理的に優れていても、「本気」が伝わらなければ人は動かないからです。

本章で紹介するのは、「心に届く本気」の説明です。感情を表に出せないポーカーフェイスのあなたでも、「この人はやる気があるな」と感心されることができます。口で「私は本気です」なんて言うのは逆効果。本気は口ではなく、行動で伝える努力をすることです。売り上げや評価など、ビジネスパーソンとしてのあなたのレベルが高まります。説明力に自信がある人も、ぜひ実行してください。気の進まない仕事でも、ちょっとした行動で、本気を示せるメソッドが盛りだくさんです。

テク 28

協力したくなる説明

相手の心に届けよう

はきはきした声の「お願いします！」やなりふり構わない土下座など、気合いの入った依頼で、相手の協力を得る必要はありません。協力を得るには、協力したくなるように説明すればいいだけです。ここでは3つの方法を覚えておきましょう。

①応援……ひたむきな行動・姿勢を説明できれば、聞き手は「支援したい」「守りたい」と協力します。毎日みんなより30分早く出社したり、仕事後に勉強することによって、周りは応援したくなります。②お返し……相手に便宜をはかったことを説明して、ギブアンドテイクの心を引き出し、協力してもらいます。日頃から相手の仕事を助けたり、接待していると、お願いしたい時に、力になってくれるはず。③利用……協力のお願いをして、その説明内容とは違う部分に相手がメリットを見つけたら、下心から協力してくれることも考えられます。いつもうまくいくとは限りませんが、心理的な作用として覚えておきたいところです。

説明された相手が協力する3つのしくみ

応　援

一生懸命、ひたむきな行動を見せられると、相手は「フォローしてあげたい」「守りたい」「育てたい」など、応援につながる気持ちになる

ありがとう
ございます

お返し

自分を大切にしてくれる人には、「自分も相手の力になりたい」という感情になる。また以前はかった便宜に「ギブアンドテイク」の気持ちでお返ししてくれることもある

ヒヒヒヒ

利　用

相手が「協力すると今後メリットがある」と下心を持っていれば、協力してくれる。説明した内容以外のものにメリットを感じるので、上記２つと違ってデメリットがあるかもしれない

テク29

個性の表現が相手の心を動かす

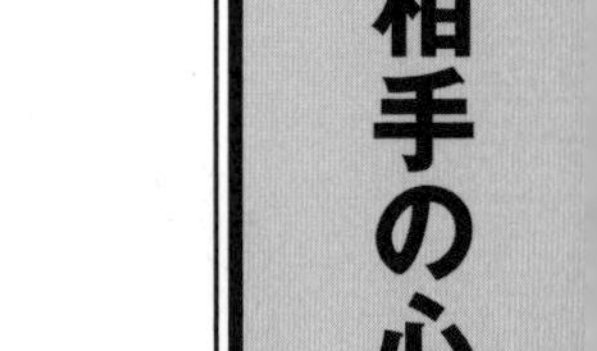

自分の本気を見せる

普通の人とは違うやり方をあえて行うと、「自分の本気」が伝わりやすいです。たとえば郵送で済む書類送付を「すぐに必要かと思い、直接お持ちしました」などの言葉とともに、急いで持って行くと、相手に本気の気持ちが届きます。また、面接で「採用が決まったら、何をしたいですか？」という質問に、HPで調べたらわかる内容を言葉にしただけでは、「本気」は伝わりません。しかし、それをさらによくするアイデア、もしアイデアがなければ、HPをプリントアウトして付箋をたくさんつけたり、関連した本を持っていたらどうでしょう。きっとやる気は伝わるはずです。しかし工夫がひとつだけでは、効果がない場合もあります。「直接持ってきたの？　郵送でよかったのに」と言われたら「実はいい企画を最初にお見せしたくて」、「面接なのに重かったでしょ」と言われたら「どうしても自分の気持ちを正確に伝えたくて」など、二の矢、三の矢も用意するのがポイントです。

人が「やらない」「できない」工夫一例

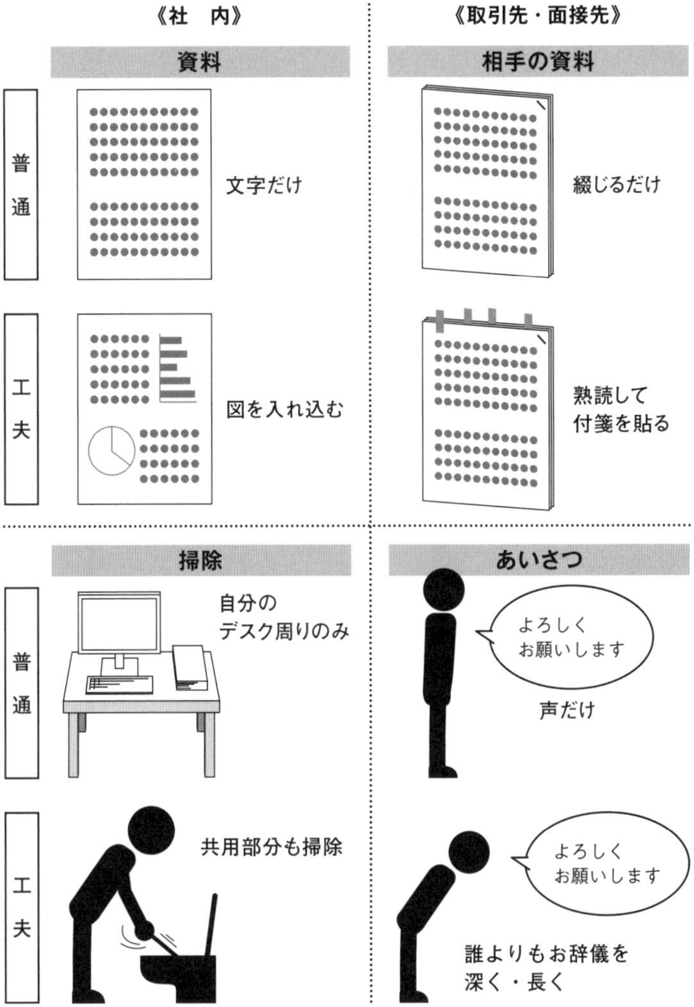
《社　内》
《取引先・面接先》
資料
相手の資料
普通
文字だけ
綴じるだけ
工夫
図を入れ込む
熟読して
付箋を貼る
掃除
あいさつ
普通
自分の
デスク周りのみ
よろしく
お願いします
声だけ
工夫
共用部分も掃除
よろしく
お願いします
誰よりもお辞儀を
深く・長く

テク30

成功へのプロセスがハートを動かす

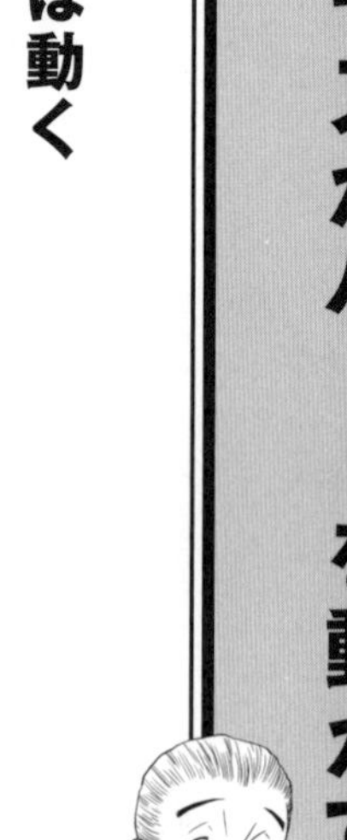

自分の努力を伝えると人は動く

ドラマや映画の主人公が挫折を通してたくましく育っていく。そんな主人公の努力に、見る人は心を動かされます。それは作り話に限るものではありません。ビジネスの場でも、同様の効果を見込めます。注意してほしいのですが、「結果」は重要ではありません。「結果」に向けての努力と、それを正確に説明して報告することで、相手の心が動くのです。

成功者はそれを感覚的につかんでいます。「一日で東京大阪2往復！」「撮影で1カ月無休！毎日3時起き！」などの日常における何気ない努力。経営者や芸能人がブログにそういった出来事を綴るのは、努力をみんなに伝えて親近感を持ってもらう狙いもあります。

もちろん自分だけが満足すればいい自己陶酔型の場合もあります。しかしちゃんと「行動力」、失敗してもくじけずにトライする「やる気」などを見せられれば、仕事仲間の協力を得やすくなります。

ハートが動くロジック

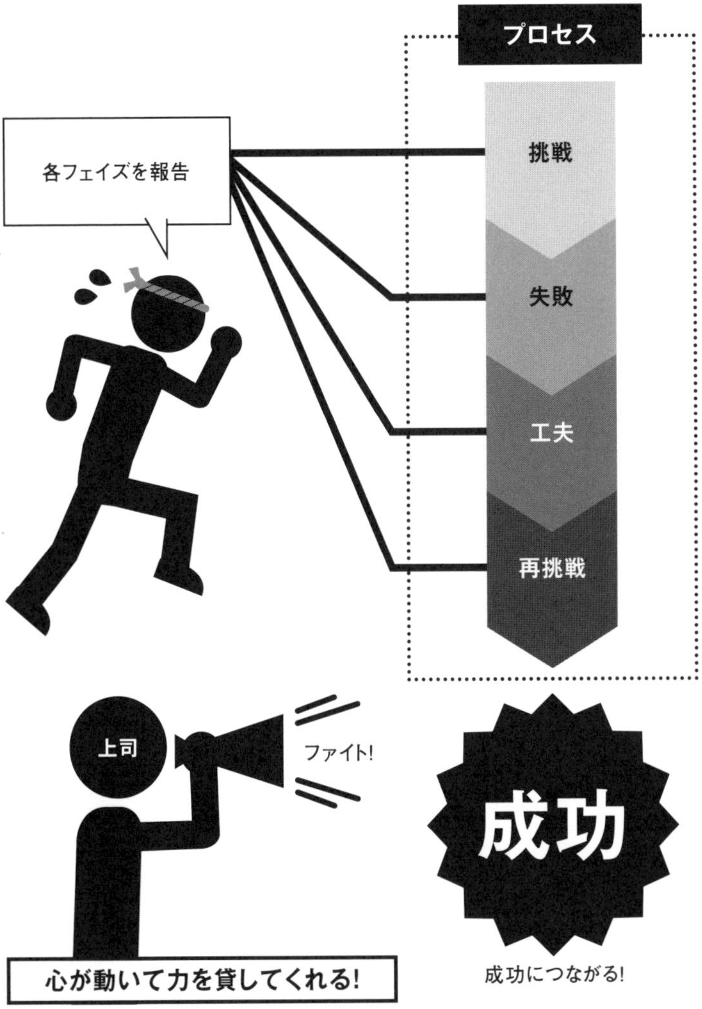
プロセス
各フェイズを報告
挑戦
失敗
工夫
再挑戦
上司
ファイト!
成功
心が動いて力を貸してくれる!
成功につながる!

テク31

共感で相手との距離をショートカット

日頃から注意してヒントを集めよう

相手が自分に「お返し」したいと思うのは、「自分に興味を持ってくれた相手に興味を持つ」という関係性でも成立します。たとえば打ち合わせで相手が珍しいペンを使っていたら、「それ○○のペンですよね、実は私も文具が好きでして」など、限られた人にしかわからないこだわりに興味を示すと、相手は「自分に共感してくれた」とよろこび、自分にも興味を持ってくれます。

この例のように共通の知識や趣味がない場合でも、相手の出身地や職場など、身近な点に興味を示すことも効果があります。また、相手との共通項を見つけて会話に出すと、心理的な距離が縮まって、仲良くなれるのです。そのためにも、日頃から相手をよく見て、よく話を聞きましょう。「たとえ話」「面白かったこと」「週末の過ごし方」など、何気ない話にヒントは転がっています。

共感させるワザ

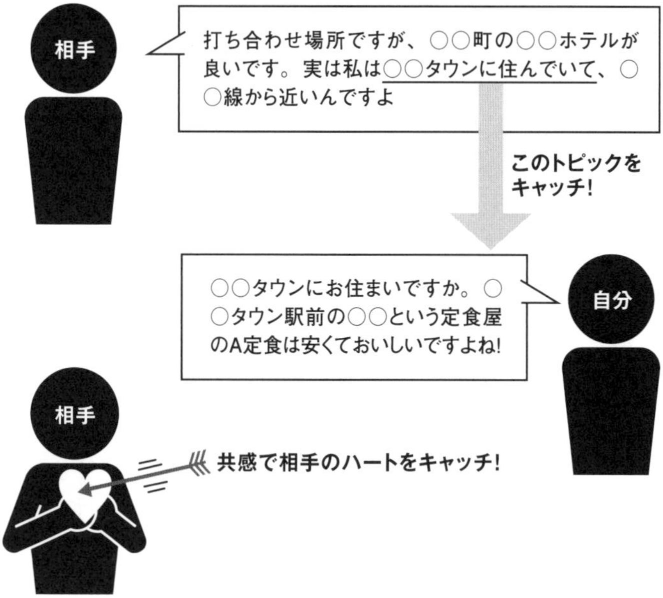
相手
打ち合わせ場所ですが、○○町の○○ホテルが良いです。実は私は○○タウンに住んでいて、○○線から近いんですよ
このトピックをキャッチ!
自分
○○タウンにお住まいですか。○○タウン駅前の○○という定食屋のA定食は安くておいしいですよね!
相手
共感で相手のハートをキャッチ!

共感を生みやすいテーマ

- 食べ物
- 趣味
- 出身地
- 居住地
- 通勤経路
- 出身校
- TV
- 芸能人
- 本

テク32

「得する相手」「喜ぶ相手」は味方

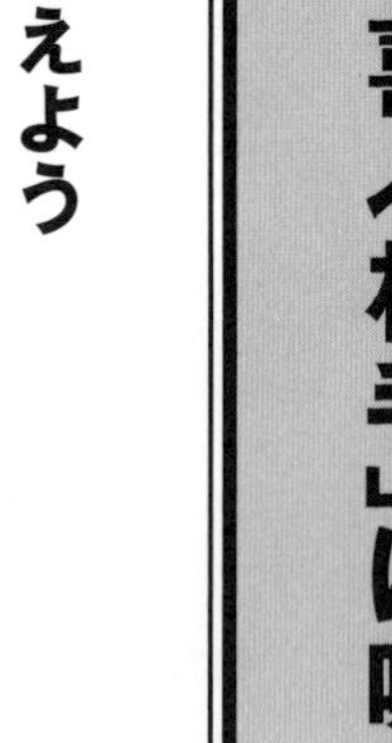

誰と組めば話が進むかを考えよう

相手が「自分から協力したくなる」という「利用（167ページ参照）」。「得する人」「喜ぶ人」をターゲットにして説明するのが、活用法です。たとえば「ノー残業デー」を直属の上司に相談したとします。「じゃあ誰が今の仕事をやるの。絶対ムリ」と上司に一蹴されたとしても、人事部や総務部ではどうでしょう。他部署の担当者は、提案を採用したら、自分の評価が上がると考えるかもしれません。上司は業務量の処理力低下を心配するかもしれません。しかし他部署の人は「得する人」かもしれないので、あなたの提案を利用する可能性があります。つまり相談や提案先は、ひとつではないということです。

相手を探すポイントは、利害関係の考慮。「損する人」に説明して理解を得られないのであれば、「得する人」に説明するというのが基本。ただし、多用しすぎるとずるがしこいと思われるので注意しましょう。

敵の敵は味方かもしれない

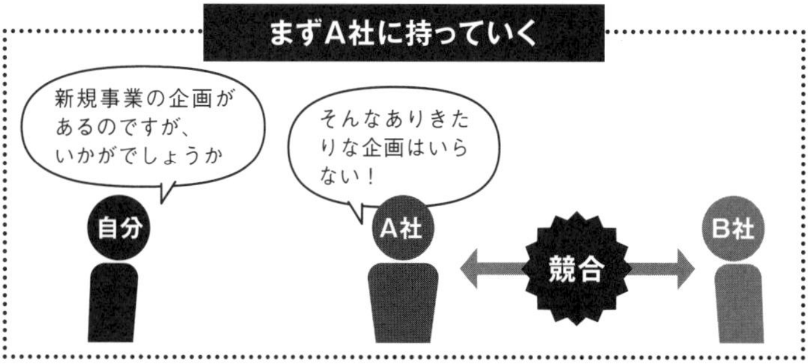
まずA社に持っていく
新規事業の企画があるのですが、いかがでしょうか
そんなありきたりな企画はいらない！
自分
A社
競合
B社

A社と敵対する会社を探す

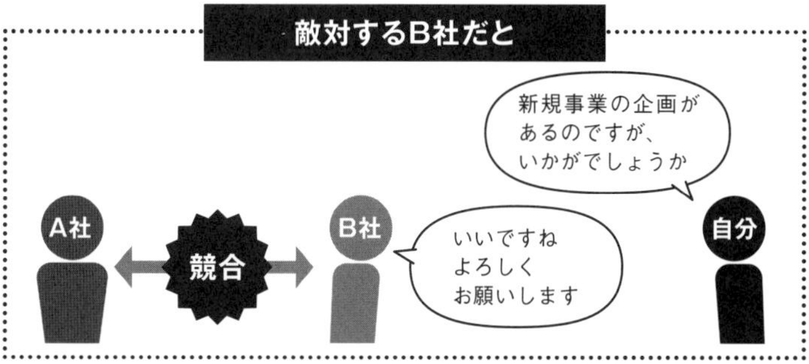
敵対するB社だと
新規事業の企画があるのですが、いかがでしょうか
A社
競合
B社
いいですね
よろしく
お願いします
自分

POINT

利害関係を考えて組む相手を探してみよう

テク33

足を運ぶとアピール力抜群

相手のところに行ってみよう

「誠意」「熱意」を伝える最高の手段は、足を運んで対面で説明すること。メールや電話はとても優れたツールですが、相手の反応がわかりづらいのが難点です。「自分の本気」をしっかりアピールするためには、遠くても「足を運ぶ」。これが大きな効果を生みます。暑い中、雨の中、忙しい中、遠いのに、などと労力と時間をかけて出向くことで、相手は「電話やメールがあるのにわざわざ時間をかけてやって来てくれた」と本気を感じ取ります。謝罪では直接会いに行くのが当たり前とされているのも、「誠意」を伝えるためです。

「閉塞的な仕事の流れを変えて、好転させたいとき」「重要な決断をお願いしたいとき」「説得したいとき」にも、足を運ぶのは有効。特別なスキルや才能がなくても、本気をアピールできます。また、老若男女誰にでも効果はあるので、「泥臭い」と恥ずかしがらずにやってみましょう。

感情を伝えよう

感情がないと…

理論武装

自分
完璧に
受け答えしても…
それで、
それ本気で
やりたいの？
相手

気持ちがないと意見は通らない!

感情を伝える方法

目を見て話す

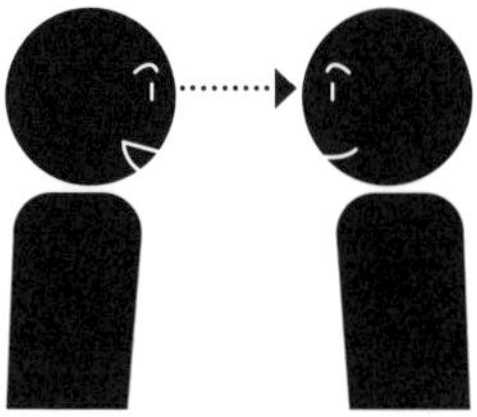

目を見ると相手の関心を引きやすく、説明した内容もより伝わる。また、相手の反応もつかみやすくなる

大事なところで目を開いて小さな声で

実はですね

注意を引きつける仕草なので、相手は一言一句逃さずに聞こうとしてくれる

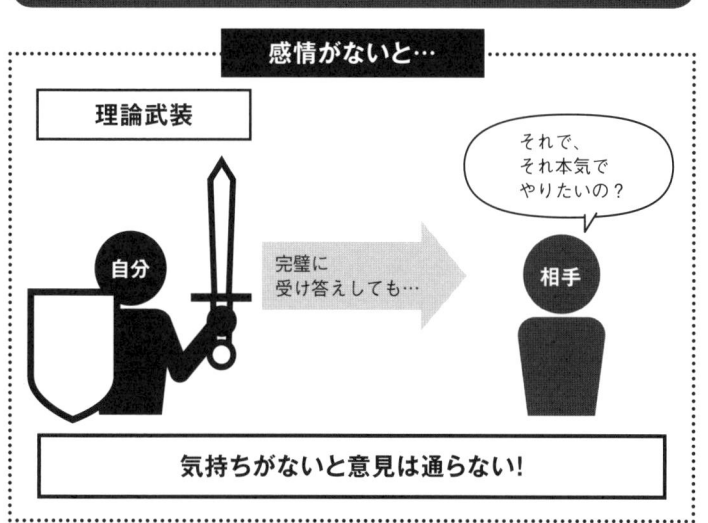

テク34

笑顔で元気よく話す

笑うと存在感を出せる

笑顔はコミュニケーションの基本ですが、できていない人が非常に多いようです。会議や打ち合わせに本気で挑むと、気持ちが入りすぎて真面目でかたい表情になりがち。そんな顔では場がピリピリしてしまいます。また、参加者全員がかたい表情だと、こちらも調子を合わせないといけない気になりますが、笑顔は悪いことではありません。ヘラヘラ笑うのは良くありませんが、「この人は味方だな」と思われるような感じのいい笑顔は、強力な武器になります。それに笑顔だと存在感が出て、周りからたくさんのチャンスを与えられます。

若いうちから出世している人は、元気でよく笑っていて、声が大きいと思いませんか。チャンスをものにする成功率が高くなくても、笑顔でチャンスの回数が多くなると、評価が上がりやすくなります。また、いくら正論を述べても、感情が表情に表れていないと、うまい説明にはなりません。説明のときは表情にも気をつけましょう。

笑顔第一！　怒りはNG

怒りの原因

なんて頭が
かたいんだ！
理解して
くれよ！
気持ちが伝わらない
から
怒りが生まれる

**気持ちを伝えようとするのではなく
仕事を進めようと意識して説明**

仕事を進めようと意識した場合

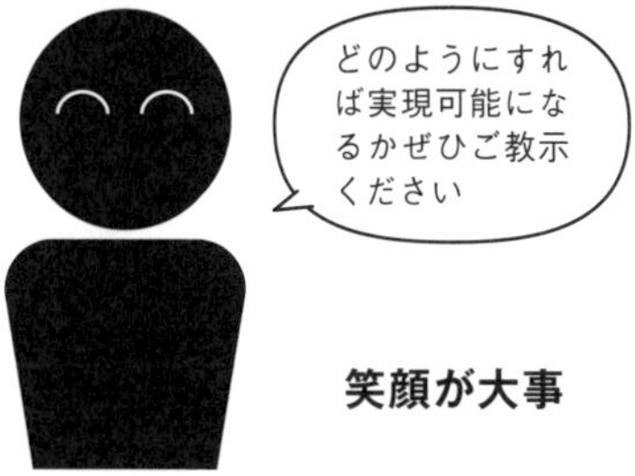
どのようにすれ
ば実現可能にな
るかぜひご教示
ください

笑顔が大事

仕事の進展を重視して話を進める

注意 NGワード

**「どうして
こんな簡単なことが
理解できないの？」**

バカにするような言葉を用いると、相手は自分の存在を否定されたように感じ、態度を急激に硬化させるので注意を

テク35

相手を好きになればもっと伝わる

自分の好きで相手からも好きをゲット

成功を収める経営者の多くは、「相手のことをまず好きになる」という意識を持っています。

その理由は2つ。ひとつに、自分を好きだという相手を、人は嫌いになれないものだからです。もうひとつは、嫌いな相手だと、心の中に拒絶の壁を生み出してしまって話を積極的に聞けないからです。

好きになったら、言葉で好きだという気持ちを表現します。「一番先に相談したいんです」「まず聞いてもらいたくて」「Aさんにどうしても話さなければと思いまして」などのフレーズを使えば、「うまいこと言う人だな」と思うかもしれませんが、相手は嫌な気持ちにはなりません。尊敬の念を示すことができれば、相手の「助けてあげよう」「協力してあげよう」という気持ちにつながります。好きな人からのお願いであれば、忙しくても優先して話を聞くことでしょう。

伝えたいならまず相手を好きになろう

気持ちの法則

その1　人は「自分のことを好きな人」を好きになる

その2　人は「嫌いな人の話」は聞かない

好きになるともっと伝わる理由

①まず相手のことを好きになる

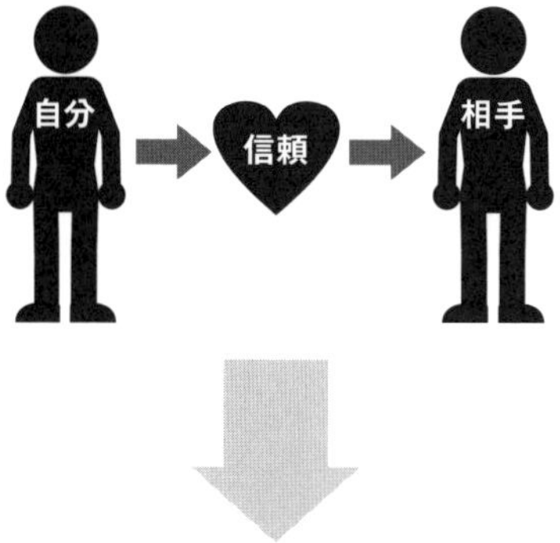
自分
信頼
相手

②気持ちをのせた言葉で説明

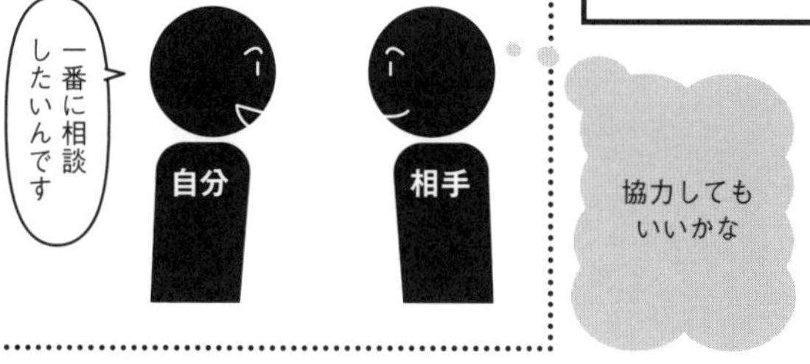
一番に相談したいんです
自分
相手
協力してもいいかな

POINT

気持ちをのせるフレーズ集

「まず聞いてもらいたくて」

「どうしてもアドバイスをいただきたいと思いまして」

「誰にもわかってもらえなかったのですが、○○さんならと思いまして」

マンガでわかる!
かならず伝わる
説明の技術

第6章

全員に理解されるプレゼン説明

春田くん！
はいっ
これを見てくれ！
電報
TELEGRAM
電報？ 誰か結婚でもするんですか？
いいから送り主を見てみろ

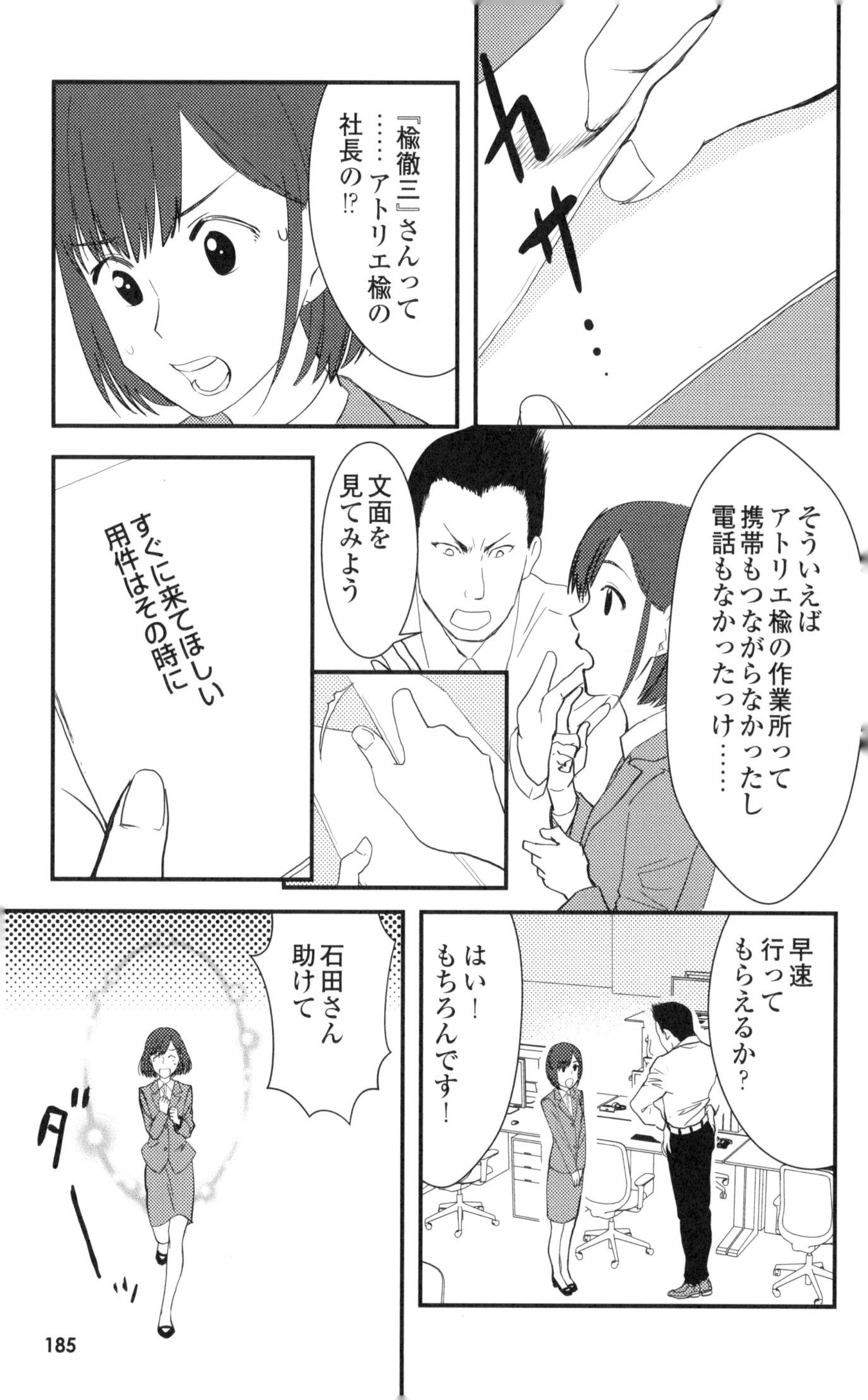
カサ…
『楡徹三』さんって……アトリエ楡の社長の⁉
そういえばアトリエ楡の作業所って携帯もつながらなかったし電話もなかったっけ……
文面を見てみよう
すぐに来てほしい 用件はその時に
早速行ってもらえるか？
はい！もちろんです！
石田さん助けて
ダーッ

石…
あの スミマセン
石田さんは?
今朝来たら
机の上に何もなくて
急に辞めるなんて
私もびっくりよ
そんな……
ガ
石田さんから
教わらなくても
私 しっかり
やれるかな……

でも
石田さんから
いろいろと説明のことを
教わったんだもの！
私ひとりでやるしかない！
ガッガッ
ガッガッ
759
ブロロロ…
え～と
確か こっち……
きいてくれ
楡さんの
声だ
私は納得できない

ひとつひとつ納得のいくものを丁寧に仕上げたい
量産に何か意味があるんですか？
楡さん……今までうまくやってきたじゃないか
今のやり方じゃダメなのかい？
…他に意見はないか…
……
……
じゃあ後で話そう
私たちの気持ちは変わらんよ

あ
楡さん!?
すまないね
急に呼びつけたりして
ひとり
なのか?
はい
それが何か?
いや……
……
家具作りは共同作業
関わっている職人全員に
納得してもらわないと
先に進めないんだ……
わかります……

私のほうから皆さんに説明させてもらえないでしょうか？
ああ 仕事のあとにみんなを集めるそのときに頼むよ
ありがとうございます
アトリエ楡
OFFICE
カタ
カタ
カチッ
さあ パワーポイントの説明資料ができた！さっそく…
ガンッ
お水を一杯…いただけますか…
コツ…

石田さん!?
楡さんからの電報は
2通あったんです
春田さん宛と社長宛です
昨晩
電報を見た社長から
連絡があって
春田さんをサポートしろと
言われて
朝一番で
会社のデスクを
片付けて新幹線に
飛び乗って来ました
ほかに片づける
野暮用があったので
遅れてしまいましたが
遭難したかと思った
ん?
そのパワーポイントの
画面は……

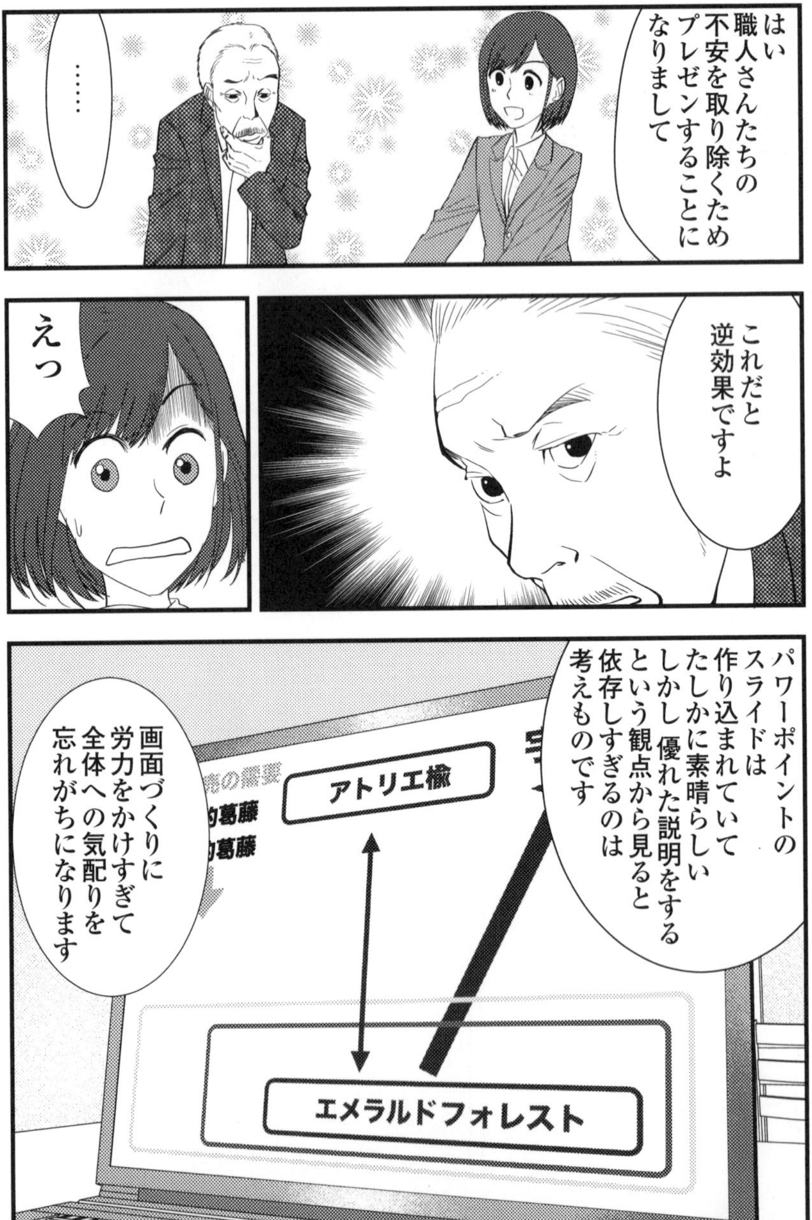
はい
職人さんたちの
不安を取り除くため
プレゼンすることに
なりまして
……
これだと
逆効果ですよ
えっ
パワーポイントの
スライドは
作り込まれていて
たしかに素晴らしい
しかし 優れた説明をする
という観点から見ると
依存しすぎるのは
考えものです
画面づくりに
労力をかけすぎて
全体への気配りを
忘れがちになります
アトリエ橡
エメラルドフォレスト

パワーポイントはあくまでツール「図解があればわかりやすいから補助的に使う」程度の位置づけにすべきです
口頭での説明が主ということと……
はい それと 本当は先にプレゼンのストーリーを作るべきでしたね
トホホ…
あ 失敗しましたか…
プレゼンでの説明のために用意するスライドは1枚1分が目安です
文字が長く続いたらメリハリを意識して図解を入れて演出も忘れずに
わかりました 早速 直しまーす！
ちょっと待ってください その前にやることがあります

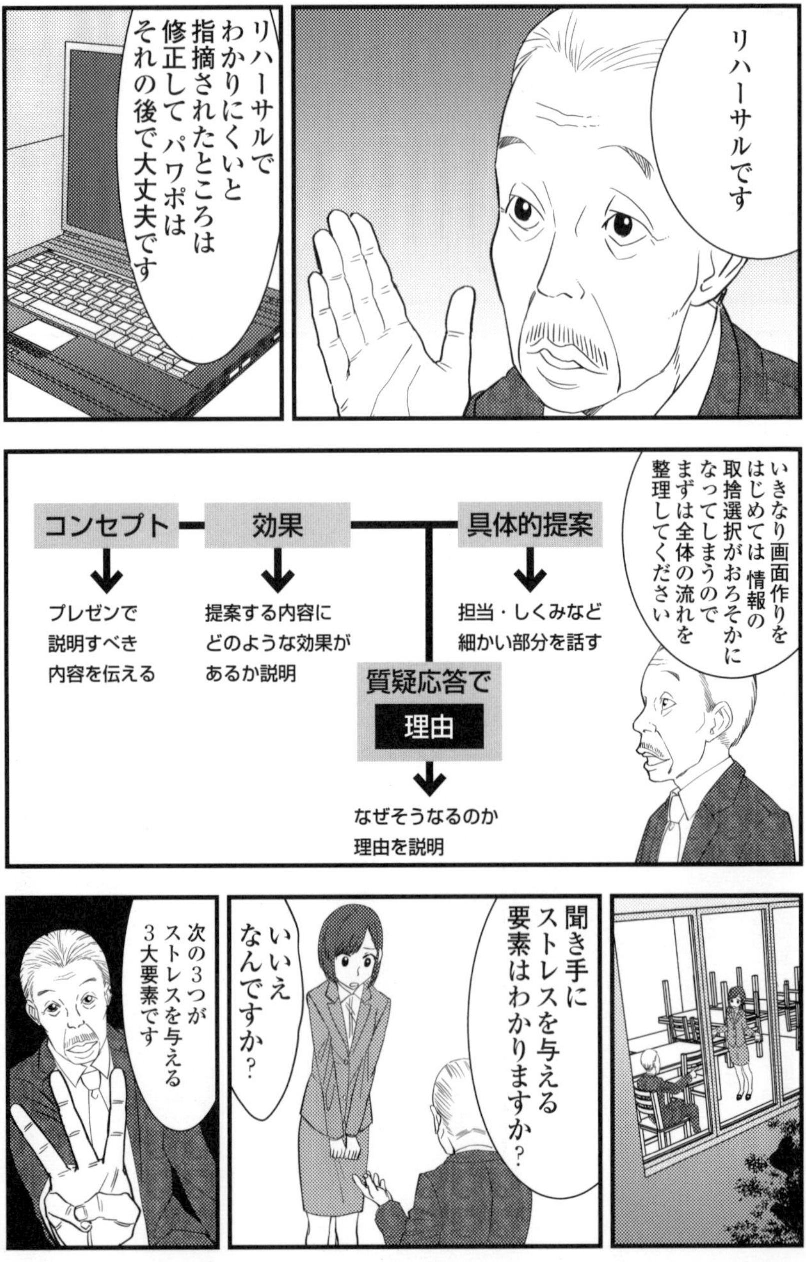
リハーサルです
リハーサルで わかりにくいと 指摘されたところは 修正して パワポは それの後で大丈夫です
いきなり画面作りを はじめては 情報の 取捨選択がおろそかに なってしまうので まずは全体の流れを 整理してください
コンセプト
プレゼンで説明すべき内容を伝える
効果
提案する内容にどのような効果があるか説明
具体的提案
担当・しくみなど細かい部分を話す
質疑応答で
理由
なぜそうなるのか理由を説明
聞き手に ストレスを与える 要素はわかりますか?
いいえ なんですか?
次の3つが ストレスを与える 3大要素です

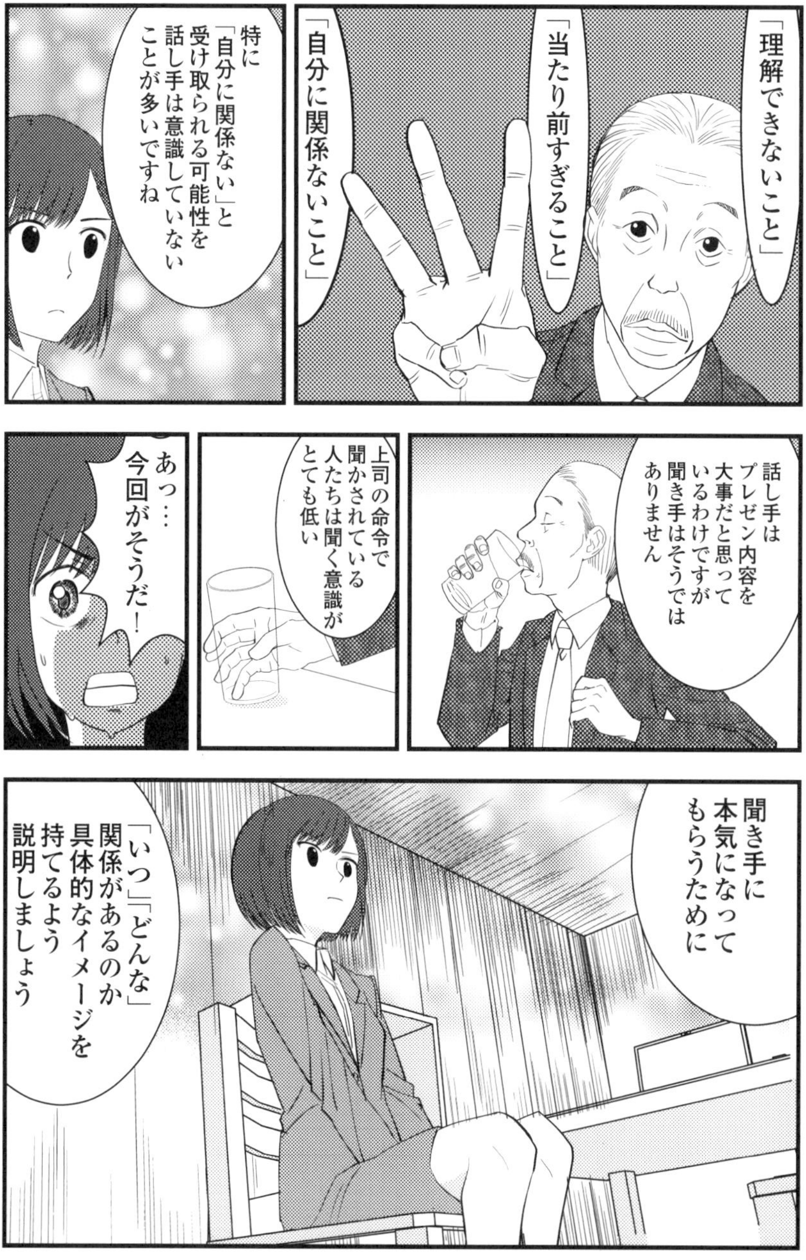
「理解できないこと」
「当たり前すぎること」
「自分に関係ないこと」
特に「自分に関係ない」と受け取られる可能性を話し手は意識していないことが多いですね
話し手はプレゼン内容を大事だと思っているわけですが聞き手はそうではありません
上司の命令で聞かされている人たちは聞く意識がとても低い
あっ…今回がそうだ!
聞き手に本気になってもらうために
「いつ」「どんな」関係があるのか具体的なイメージを持てるよう説明しましょう

そして 聞き手となるメンバーを あらかじめリサーチし それぞれに適した関連性を 〝切り札〟として 用意することも重要です
WILD CARD
春田さん お待たせしました
あなたが 石田さんですか⁉
はじめまして
楡さん 早速ですが お願いがあります
なんでしょうか
職人のみなさんが 抱いている不安について お話をうかがっても よろしいでしょうか
はい
プレゼンの目的は 聞き手の問題を 解決することです
クライアントが 何を重視して 評価・判断するかを 書き出してみましょう

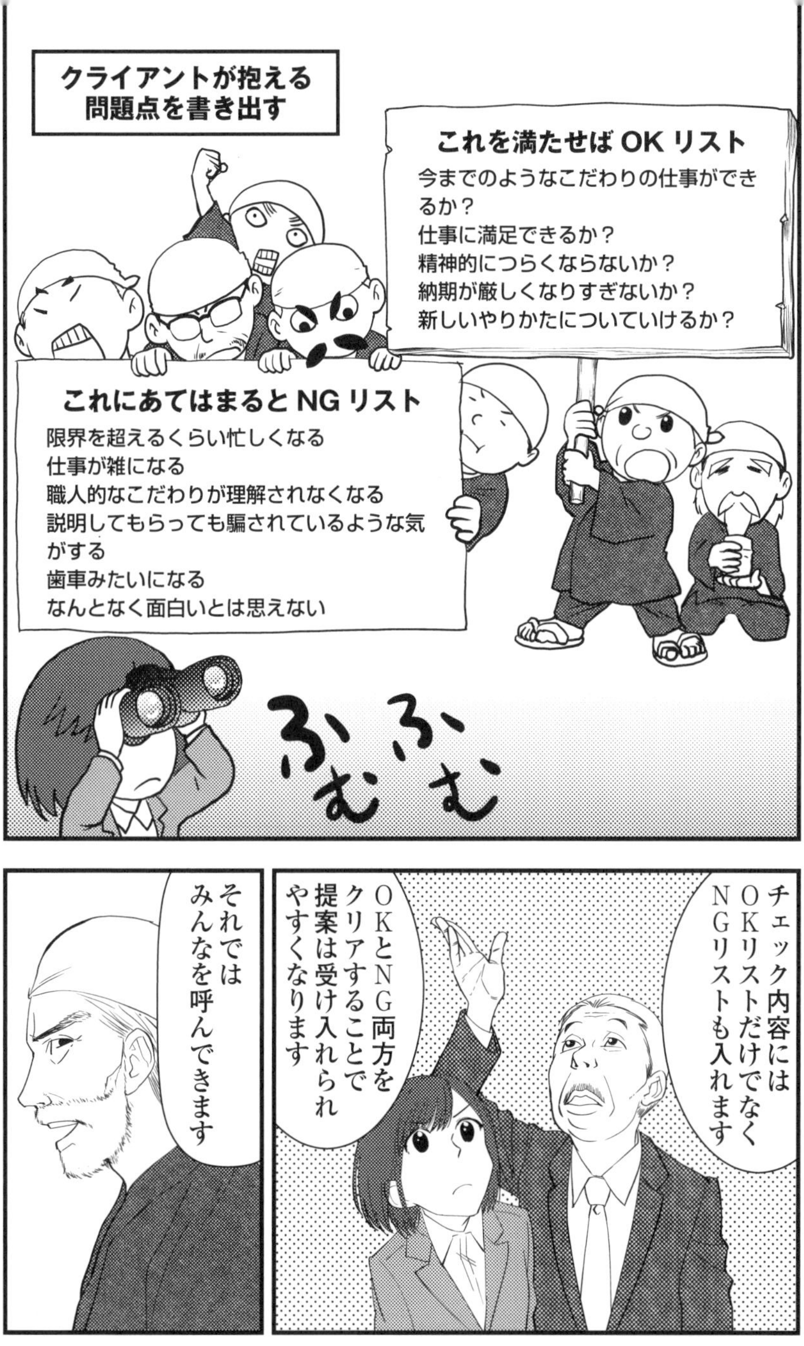
クライアントが抱える
問題点を書き出す
これを満たせばOKリスト
今までのようなこだわりの仕事ができるか？
仕事に満足できるか？
精神的につらくならないか？
納期が厳しくなりすぎないか？
新しいやりかたについていけるか？
これにあてはまるとNGリスト
限界を超えるくらい忙しくなる
仕事が雑になる
職人的なこだわりが理解されなくなる
説明してもらっても騙されているような気がする
歯車みたいになる
なんとなく面白いとは思えない
ふむふむ
チェック内容にはOKリストだけでなくNGリストも入れます
OKとNG両方をクリアすることで提案は受け入れられやすくなります
それではみんなを呼んできます

…緊張せず平常心です
話す際はたっぷり間をとってくださいね
間……ですか?
プレゼンでは話し手が一方的に語り続けますが
間をとることで　聞き手は説明の内容への反応を見せるのです
視線やしぐさなど言語化されていないさまざまなものから相手の反応を読み取れます
納得できる話にはうなずき
不満があれば口元を引きしめたり腕組みしたり
間がないと聞き手はそれすらできず対話から外された状態になります
その結果欲求不満から話し手に反感を覚えたり無関心になったりします

間合いをとるポイントは
文章でいう「、」では1呼吸「。」では2呼吸が目安です
さらに「ここは重要」というポイントではいったん言葉を切り場を眺めるくらいのゆったりとした間をとってください
わかりました
質問できる機会もとるとより良いです
質問は 話し手への攻撃ではありません 内容に興味を持っている証拠です 主体的に知ろうと興味を持っていることを意味しているのです
はいっ
失礼します
いよいよ本番ですよ
…はい！
カッ

そうか つまりこれまでと 同等以上に こだわりをもって 仕事ができると いうわけか
その通りです！
……だったら 私は楡さんに 賛成だね
ありがとう ございます！
……つまり
変化が必要って ことですよね？

変化……
どんな優れた仕事でも
変化に臆病になったら
そう長くは持たない
ああ
そういうことだ
……古くから培われてきた
伝統を受け継ぐことも
大切だが……
いや
伝統を受け継ぐ
ために変化が
必要なんだ
……あの

インターネット……
そんなもの
ワシの若いころにはなかった……
今のままで十分だと思っている
しかし
アンタの熱心さは
十分に伝わって
きたわ
アンタなら
ワシの作った家具を
任せてもいいかな

ありがとう
春田さん
あなたの
説明の技術と
気持ちを伝える力の
おかげで
アトリエ楡は
前に進むことが
できます
は　はい
こちらこそ
よろしくお願い
いたします！

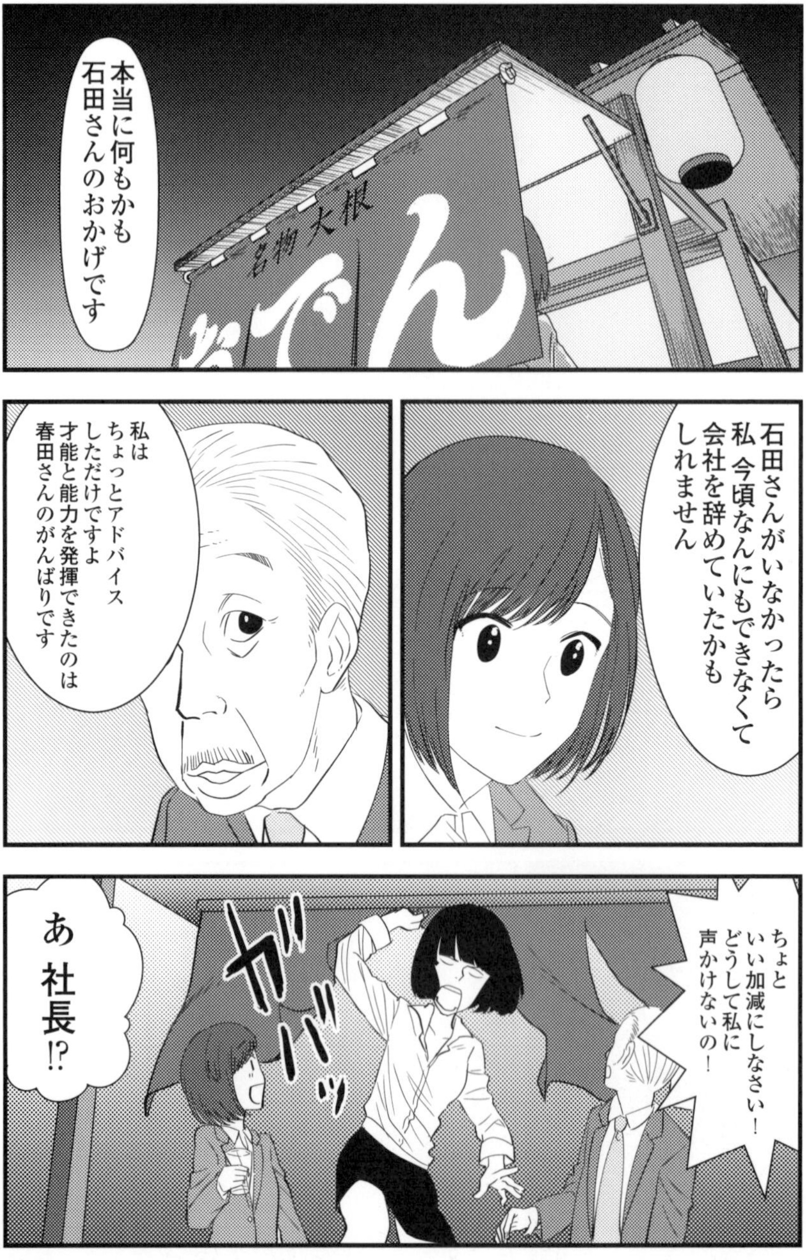
本当に何もかも
石田さんのおかげです
名物大根
おでん
石田さんがいなかったら
私 今頃なんにもできなくて
会社を辞めていたかも
しれません
私は
ちょっとアドバイス
しただけですよ
才能と能力を発揮できたのは
春田さんのがんばりです
ちょと
いい加減にしなさい！
どうして私に
声かけないの！
ガバーッ
あ 社長⁉

アトリエ楡は
私にとってもん年越しのプロポーズなんだから
私にもお祝いさせなさい！
だばだば
きゃ――っ
ヘゥ…
お前もちゃんと飲まんかー!!
社長……
お店に
迷惑が……
ぐわ――っ

前略
お父さん お母さん
就職して最初は不安だったけど
東京でなんとかやっていける
自信がついてきました
最近は社長が「テイオー学」とやらを
私に叩き込みたいとかで
毎晩遅くまで飲みに連れて行ってくれます
どうやら私の説明力と
笑顔が社長の目にとまったみたい
社長へのプレゼン資料を
作らなければならないから
今度帰ったときに詳しく説明するね！
夏海

説明
実践 6

パワーポイントに頼るのはNG プレゼンは口頭でわかりやすく説明すべし

プレゼンを任されるということは、一定の説明力があるという評価の証拠かもしれません。「プレゼンスキルを磨きたい」という向上心が強いと、パワーポイントの「図をもっと色彩豊かに」「もっとインパクトのある写真を」「書体をもっとアーティスティックに」とテクニック部分に意識がいきがち。

しかし参加者を動かすプレゼンは、パワーポイントではなく、口頭の説明が鍵になります。相手の求めるものを満たせているか。プレゼンではこれがもっとも大事であることを忘れてはいけません。パワーポイントは補助と割りきってください。「プレゼン＝パワーポイントの技術」という固定観念をまず捨ててください。

本章では、全員を納得させるために、プレゼンでどのように準備し、どう話せばいいかを紹介します。

テク36

必勝！　パワーポイント作成前の心得

パワーポイントはサブ扱い

パワーポイントはあくまで説明の補助。口頭が主で、補足部分の説明がパワーポイントの正しい使い方です。プレゼン＝パワーポイントという思い込みが強いと、ムダな情報ばかりのプレゼンになりかねません。ハイレベルな画像補整やグラフ作成は目を引きますが、自分のパワーポイントスキルをアピールするのが目的ではありません。見栄えばかりを気にすると、結論が先送りで本題が見えないプレゼンになってしまいます。

そうならないために、パワーポイントの起動前に、説明する順番を一気に決めてしまいましょう。図や数字がないとわかりにくい部分や重要なところなど、必要なスライドだけをパワーポイントで作成し、それ以外はカットするのがコツ。また、ひとつのスライド説明の時間は1分を目安に。完成したらリハーサルをして、わかりにくい部分を修正したり補足したりして、スライドの手直しを。この工程が効率的で、わかりやすい説明につながります。

プレゼンをつまらなくする危険な負のスパイラル

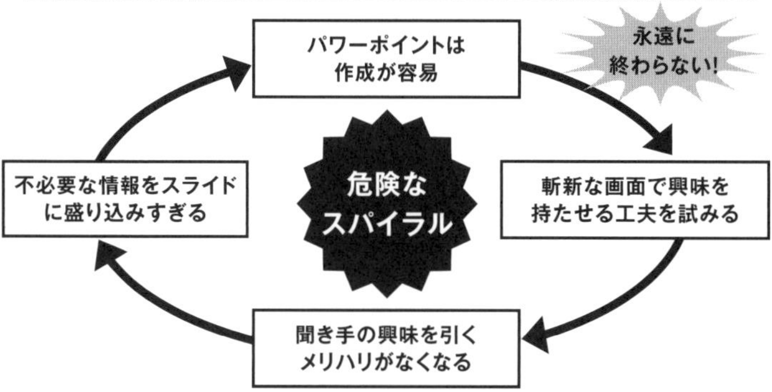
パワーポイントは
作成が容易
永遠に
終わらない!
斬新な画面で興味を
持たせる工夫を試みる
聞き手の興味を引く
メリハリがなくなる
不必要な情報をスライド
に盛り込みすぎる
危険な
スパイラル

インパクト抜群のプレゼン

みんなが知らない情報を出す

知らなかった
ビッグニュースだ

聞き手が知っている情報だと、「だから何?」としか思われない。知らない情報を調べて出せると、興味を引くことができる

大事なところは「前置き」

今から重要な
情報を
お伝えします

「今から重要な情報をお伝えします」と言うと、みんなが知らない情報をより効果的に伝えることができる

外見と丁寧な言葉づかい

信頼できる!

知らない情報を前置きありで説明できれば90点。100点にするには丁寧な言葉づかいと、清潔感のある服装が大事

テク37

聞き手を本気にさせるプレゼン

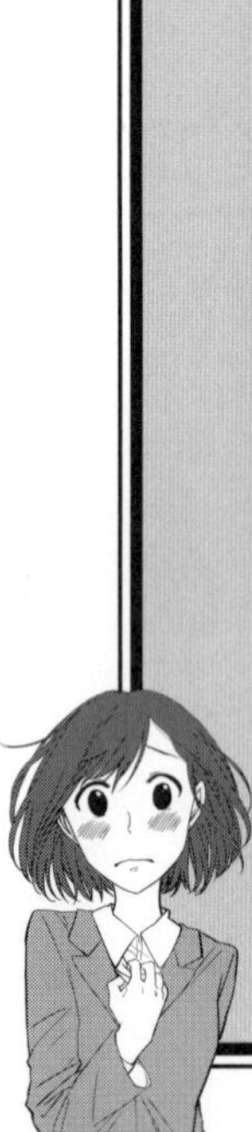

みんな最初は本気じゃない

プレゼンは多くの相手に説明するという性質上、さまざまな専門家、部署、企業が参加します。そのため、誰に向けての説明かが明確でないと、「これは自分には関係ないな」と、本気になってくれません。参加者の事情はさまざま。上司の命令で嫌々参加している人もいるため、消極的な姿勢かもしれません。モチベーションが低い人を本気にさせるには、「あなたに関連する内容です」という見せ方が必要です。そのために「いつ」「どんな」影響があるか、事実を述べましょう。「本企画が実現できれば、当社の来期売上が1・5倍になると予測できます」で終わるのではなく、「成功させるため、開発部と広報部のご協力が必要です」と付け加えます。すると参加者がそれぞれの立場で自分への利害を検討します。

また、「手伝ってほしい」というメッセージも残しましょう。あてはまらない人たちを無視して疎外感を抱かせると、「本気」は限られた人からしか引き出せなくなるので要注意。

聞き手が本気になるロジック

本気・まじめにならない3つの理由

理由①
理解できない
原因
→プレゼンの流れが整理できていない
改善法
パワーポイントを作る前に全体像を整理

理由②
飽きる
原因
→周知の情報しか出せていない
改善法
聞き手が知らない・整理できない情報を出す

理由③
興味がない
原因
→自分に関係がないトピック
改善法
聞き手に関連性をアピール

Pick up!

聞き手に関連性をアピールする方法

「いつ」「どんな」が関連性を生む
コツ
- **相手がいつ関係するか**
- **相手にどんな影響があるか**

相手がいつ、どんな影響を受けるかを具体的に話す

例
「今回の提案により営業部は来年、アメリカ出張が増えると予想されます」

「お願い」の言葉が関連付けを強調
コツ
- **手伝ってもらいたいというメッセージを出す**

相手の立場によってお願いの仕方を工夫

例
「結果を出すには営業部のバックアップが不可欠です」

関連しない聞き手はメリットを訴える
コツ
- **待遇の変化**
- **頼っている**

相手にメリットがある内容で、やる気を引き出す

例
「製造部のサポートがあれば全社目標も達成でき、特別ボーナスも期待できますよ」

テク38

良いプレゼンとは期待に応えるもの

自分の役割を果たすように

参加者が望む内容が、プレゼンに盛り込まれていないと聞き手を満足させられません。参加者を満足させるには、相手のニーズを満たす必要があります。コツは、プレゼン前に自分が求められている役割が何かを調べ、プレゼンシナリオを組み立てるということ。とにかく安くが売りの会社なのに、ハイクオリティな商品のプレゼンをしても、相手は「安さ」を求めている可能性が高いので、満足しないでしょう。

求められている役割を知る方法ですが、なぜ自分がプレゼンする役割を任されたかを考えてみましょう。斬新なアイデアをひねり出そうとするのは良いことですが、それは本当にあなたの能力で実現できるでしょうか。他人よりも得意な分野を提案し、プレゼンで発表した内容でも責任を持って挑めるかを確認してみてください。それでもなぜ自分なのかわからなければ、参加予定者に探りを入れましょう。何を求められているかがわかるはず。

求められることを考える

クライアントが期待するもの

10万円で社名入りのペンを作ってほしい

合格	Excellent	ニーズに合った優れた提案	5万〜10万円で社名入りのペンを作れる
合格	Good	ニーズに合った劣る提案	15万円なら社名入りのペンを作れる
失格	Bad	ニーズに合わない優れた提案	ペンは無理だが10万円で社名入りタオルは作れる
失格	NG	ニーズに合わない劣る提案	30万円で社名を新しく考える

合格をもらうコツ

1.自分の得意領域で勝負

なぜプレゼンする機会を得たのか、その理由を探して、何を求められているかを考える

2.担当分野に責任を持つ

企画・提案先行で自分ができないことを伝えない。そして担当分野にはしっかり責任を持つこと

3.探りを入れる

プレゼンを任された理由がわからなければ、雑談やメールで探りを入れてみよう

テク39

自己紹介がプレゼン結果を左右する

相手の不安を取り除く

あなたが有名人なら自己紹介がなくとも、優れたプレゼンになるかもしれません。しかしプレゼン内容自体が完璧でも、どこの誰かわからない人間だと「言うことは立派だが、本当にできるの?」とプレゼンする以前の問題に。面識のない人たちへのプレゼン前の自己紹介は、「相手のために何ができるかを伝える自分のプレゼン」なのです。

効果的な自己紹介は3つを伝えることです。①自分が何者か……これは説明術以前の常識の問題です。名刺交換をしたとしても、会社・部署・どのような仕事の実績があるかを、簡単に伝えてください。②相手にどんなことができるか……自分と付き合う価値があるとわかってもらえれば、プレゼンを聞く真剣さが変わります。③相手と将来何を成し遂げたいか……自分のやる気と責任感を見せられます。以上をはじめに伝えておかないと、「だまされるかもしれない」などと疑念を持たれることも。自己紹介とは、不安を取り除く行為なのです。

プレゼン前には必ず自己紹介をしよう

自己紹介のないプレゼン

いくらプレゼンができても効果が低い!
口だけ達者なんじゃないの?
ザワ
ザワ
本当にできるの?
ザワ
どうも胡散臭い!
ザワ

最低限伝えるべきこと

1.自分は何者で何が得意なのか

会社名や部署といった紋切り型の紹介ではなく、これからプレゼンしようとする内容と共通することもできるだけ伝える

2.相手に対してどのようなことができるか

自分だけ得しようと目論んでいると勘違いされるかもしれないので、相手にメリットを出せる人間だと伝えよう

3.相手との関係でどんなことをしたいか

やる気を見せるためには、将来のビジョンを話した上で、それができる、もしくはやりたいと伝えることで関心を持ってもらえる

自己紹介の効果

何者かわからなければプレゼンが素晴らしくても、信じてもらえない

テク40

想定チェックリストでプレゼンをマスター

ＯＫとＮＧのリストを作成

相手の問題を解決するためのプレゼンの場合、クリアしなければならない項目をチェックリストにして、抱える問題の個数と難易度を整理しましょう。リストをクリアすると、提案が承認される可能性が高まります。このリストは「ＯＫ」「ＮＧ」の２つを作成し、必ず解決すべき項目とやってはいけない項目を分けて確認しましょう。

作るために大事なのは、依頼が来たときに不満点を聞き出すことにあります。ズバリそれが聞き出せなくても、たとえば「他社の製品Ａが近い印象ですが、そのイメージですか」「不安や気になっている点はありますか」などの質問によって、相手のぼんやりとしたイメージを聞き出せます。相手が求めるものがわかった上で、「ＯＫリスト」「ＮＧリスト」を完成させ、最後にリハーサルを。相手と同じ役職、部署など、近い立場の人にリハーサルをすることで、良い点と悪い点が浮き彫りになりやすいでしょう。

NGリスト作成メソッド

不満点を聞き出す質問例

下記のような流れで、NGリストを確認できるようにヒアリングしよう

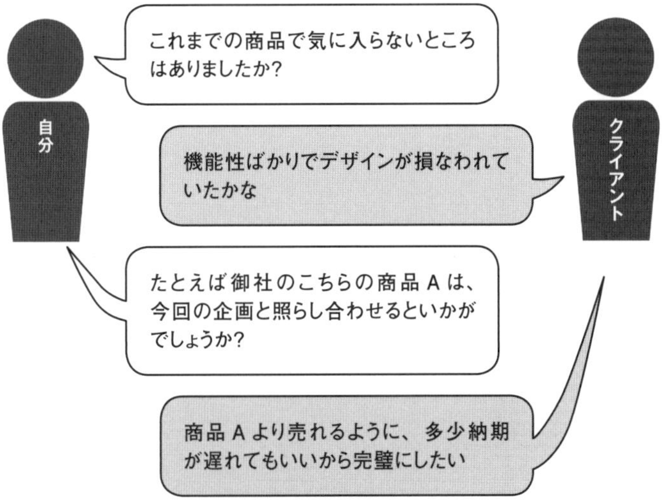
自分
クライアント
これまでの商品で気に入らないところはありましたか?
機能性ばかりでデザインが損なわれていたかな
たとえば御社のこちらの商品Aは、今回の企画と照らし合わせるといかがでしょうか?
商品Aより売れるように、多少納期が遅れてもいいから完璧にしたい

これは失礼! 毎回確認したいNGリスト

1.業界のタブーや常識を守れている?
提案先の取引相手に失礼がないか、その企業の常識を破っていないかを確認

2.使ってはいけない情報はないか
根拠に乏しい情報や、許可のない写真を使わないのが、社外の相手へプレゼンする際のマナー

3.相手企業のイメージに合致しているか
特別な注文でないかぎり、企業イメージを逸脱している時点で失礼ととられることも

テク41

妙技!! プレゼン中の「間」

目に見えるものだけがプレゼンではない

言うまでもありませんが、プレゼンは話し手が主導権を握ります。なので、聞き手がしぐさで反応を示せる「間」を設けましょう。聞き手は自分の印象をしぐさや質問で表現できないと、集中できなくなったり、無関心になってしまうのです。ではどのようにして反応の「間」を作るか。それは、話と話のつなぎ目に「間」をとればよいのです。

「、」で1呼吸、「。」で2呼吸……時間に限りのあるプレゼンでは、どうしても早口になりがち。早口を避けるのは非常に難しいので、意識して句読点で「間」をとるクセをつけましょう。目安は「、」で1呼吸。「。」で2呼吸。重要箇所は大きな間……「ここがキーポイント」というシーンでは、いったん口を閉じて、会場を見渡すぐらいの大きな間をとりましょう。聞き手の反応が確認できる上に、相手が咀嚼できる時間にもなります。質問できる機会を作る……「ここまでご質問はありませんか？」など、相手が知ろうとできるタイミングも大事です。

「間」のメリット一覧

プレゼンする側のメリット

①早口を防ぐ

②聴衆の反応をじっくり観察できる

③複雑な内容を整理しながら伝えられる

④質問をもらえる時間ができる

聞く側のメリット

①聞き取りやすい

②ジェスチャーで反応を伝えられる

③間を利用してプレゼンの話に入れる

④ゆっくり進むので複雑な内容も理解しやすい

⑤質問しやすい

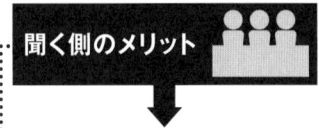

テク42

「良い点」「わるい点」を分けて話す

わるい点もはっきり伝える

普通、知られたくないデメリットの要素には、伝えたくないという心理が働きます。言わなければいけない要素を、メリットに紛れ込ませて一文にしてごまかそうとしたり、早口でできるだけ短く伝えたりしてしまう人も多いです。しかし丁寧に説明しないと、どれがメリットでどれがデメリットかわからなくなり、メリットすら魅力的に聞こえなくなります。最悪の場合、聞き手が混乱するプレゼンになってしまいます。

「良い点」「わるい点」を分離させ、それぞれをまとめて話すことで、説明はとてもわかりやすくなります。さらに、前後に「結論」を置いてサンドイッチすると、メモがとりやすい上に理解しやすいプレゼンになります。伝えなくてもいいデメリットは話す必要はありません。しかし伝えるべきデメリットはわかりやすく伝えましょう。その上で、メリットがデメリットを上回ると最後に結論を話せば、自分のお願いも通りやすくなるでしょう。

結論と結論で良い点・わるい点をはさむ！

良い点とわるい点が混同したプレゼン

当社新商品「栄養ドリンクX」ですが、現在発売中の「ウルトラX」程度の売り上げを見込むためには、価格を15％引き下げるべきです。価格競争は企業イメージを損なう恐れもありますが、今期ノルマ達成に15％の引き下げは不可欠ですし、高級感はパッケージデザイン次第だと考えます。安くすると当社をひいきにする高級志向のサラリーマンは離れるかもしれませんが、学生から支持される可能性もあります。業界を牽引するA社新商品に勝つために、価格を下げましょう。

長所・短所を分離した良いプレゼン

最初に結論

業界随一の販路を持つA社新商品に勝つために、当社新商品の「栄養ドリンクX」の価格見直しをはかるべきです。見直し案として、15％の価格引き下げを提案します。

良い点とわるい点を一言にする

Good
- 15％引き下げで売り上げが「ウルトラX」と同等になる見込み
- 今期のノルマを達成できる

Bad
- 企業イメージを損なう可能性がある
- ひいきの客が離れる可能性がある

最後にもう一度結論

新商品「栄養ドリンクX」はA社の牙城を崩すべく、別路線を視野に入れるべきです。既存のイメージとやり方を打ち破ることで、当社の活路を見いだせると考えています。

結　論

良い点

わるい点

結　論

サンドイッチのように結論でサンド！

おわりに

説明に決まった形はありません。それは、説明相手の立場や知識が変われば共通理解や最適解が変わって、説明にベストな言葉やふるまい方に違いがでるためです。本書に記す内容は、汎用性が高く、身につけると、結果の出る説明ができるというメソッドですが、みなさんでアレンジしていただくことで、より高い効果を発揮するはずです。

本書の主人公・春田夏海が経験を積むことで、少しずつ説明力を磨いたように、説明力は急にはつきません。しかし説明に才能は必要ありません。向上心を持って、日々説明力の改善に取り組めば、誰でも人を動かす説明ができるようになります。説明は自分の能力・魅力を人に教えるツールでもあります。伝わる説明で、人生のステップアップを目指しましょう！

監修者　鶴野充茂

鶴野充茂《つるのみつしげ》

ビーンスター株式会社代表取締役。筑波大学、米国コロンビア大学大学院卒業。在英国日本国大使館、国連機関、大手外資系PR会社、ソニーなどでコミュニケーションに特化した業務に取り組み、ビーンスター株式会社を創業。これまでに培ったコミュニケーション技術を生かし、国内外の経営者、医師、弁護士などにメディアトレーニング、プレゼントレーニングを提供するコミュニケーションアドバイザーとして活動。『頭のいい説明「すぐできる」コツ』『頭のいい質問「すぐできる」コツ』(ともに三笠書房)、『iPad仕事術』(共著、ソフトバンククリエイティブ) など著書多数。

参考文献

『あたりまえだけどなかなかできない説明のルール』(明日香出版社)
『「上手な説明」の基本とコツ』(学研パブリッシング)
『図解 頭のいい説明「すぐできる」コツ』(三笠書房)
『「分かりやすい説明」の技術 最強のプレゼンテーション15のルール』(講談社)
『わかりやすく説明する力と問題解決力が、1冊でビシッと身につく本』(PHP研究所)

STAFF

マンガ　田中アルミ
シナリオ　利波創造
編集　坂尾昌昭、小芝俊亮、住友光樹、神川雄旗(株式会社G.B.)
Design　掛川 竜、山口喜秀(G.B.Design House)
DTP　徳本育民(G.B.Design House)

マンガでわかる！
かならず伝わる説明の技術

2017年2月28日　第1刷発行

監修　鶴野充茂

発行人　蓮見清一
発行所　株式会社宝島社
〒102-8388
東京都千代田区一番町25番地
電話：編集　03-3239-0928
　　　営業　03-3234-4621
http://tkj.jp

印刷・製本　サンケイ総合印刷株式会社

Printed in Japan
ISBN 978-4-8002-6055-0